HITLER-JUGEND-DOKUMENTATION

AUF TEUFEL KOMM RAUS

Unwahrheiten und Lügen über die nationalsozialistische Jugendbewegung

HITLER-JUGEND-DOKUMENTATION

AUF TEUFEL KOMM RAUS

Unwahrheiten und Lügen über die nationalsozialistische Jugendbewegung

Eine Richtigstellung
von Günter Kaufmann

Kurt Vowinckel Verlag KG
82335 BERG AM STARNBERGER SEE

Internationale Standard-Buchnummer
ISBN 3 921 655 97 8

1. Auflage 1999

82335 Berg am Starnberger See
Hergestellt in Deutschland

INHALT

FANFARENSTÖSSE

"Die Wahrheit siegt: Aber sie kann nur siegen, wenn sie gesagt wird."

Johann Hus, Reformator aus Böhmen
1369 - 1415

Lügen und Unwahrheiten über die nationalsozialistische Jugendbewegung werden durch einen einzigen Sachverhalt vollständig widerlegt: Das Durchhaltevermögen der Truppen in fünf Kriegsjahren, insbesondere im Schlamm und in der Kälte des russischen Winters. In seiner, in englischer Sprache erschienenen, Rundstedt-Biographie schreibt General Blumentritt:"In vollkommenem Gegensatz zu 1918 gab es keine Meuterei oder wirklich schlechte Disziplin. Es war ein Wunder, daß diese tapferen, ausgelaugten Truppen wenig Verschlechterung in ihrer Haltung und Moral zeigten. Gewiß waren die Truppen oft erschöpft und mitunter apathisch - sie alle aber hielten den Willen zum Kampf aufrecht." Aber von diesem Durchhaltevermögen wird sonst nicht gesprochen. Ein Tabu. Kein Historiker, kein Politiker hat sich im letzten halben Jahrhundert mit diesem Phänomen, seinen Gründen und Ursachen beschäftigt. Es könnte ja etwas mit den Erziehungsgrundsätzen und Idealen der Hitler-Jugend zu tun gehabt haben. Diese wurden dann rasch durch Lügen und Unwahrheiten zugedeckt. Gleiches gilt von dem, was Frau Professor Gertrud Höhler nennt: "Den Abschied von der leistungsstarken Generation, die aus Kriegsruinen Wohlstand erzeugte." Warum wohl war diese Generation so leistungsstark?!

Auf das Wort von Thomas Carlyle "Sterne kommen wieder zum Vorschein, sobald es finster genug ist" habe ich mich nicht verlassen wollen, wollte darauf jedenfalls nicht warten. Ich sehe es vielmehr als meine Pflicht an, als letzter lebender Amtschef von Schirachs Reichsjugendführung und als Leiter des "Reichsinstituts für nationalsozialistische Jugendarbeit" der Wahrheit eine Gasse zu öffnen, und damit wenigstens einen Teil der verbreiteten, von mir dokumentierten Lügen und Unwahrheiten richtigzustellen. Da ist es doch zum Beispiel erstaunlich, daß keiner der für die Lügen und Unwahrheiten verantwortlichen Autoren eine der 77 von mir dokumentierten Reden Schirachs, die in den Jahren 1933 bis 1943 gehalten wurden, zitiert oder zitieren kann, um unwahre Behauptungen zu belegen. Und natürlich verbreitet sich auch keiner darüber, daß ein Weihnachtsgeschenk des Reichsjugendführers an verdiente Mitarbeiter aus einer Reclam-Bücherei bestand, in der sich Benjamin Constants Werk "Über die Gewalt - Vom Geist der Eroberung und der Anmaßung der Macht" befand. Konnte ein solches Geschenk wirklich in einer Organisation verteilt werden, die "ohne inhaltliche Auseinandersetzungen" (Klönne) existierte? Und was die Gewalt in heutiger Zeit betrifft, so war im "Spiegel" Nr.3/94, S.74, zu lesen: "Zum Faustrecht neigt in der Ich-Gesellschaft vor allem, wer in der Familie keinen Halt verspürt, wer in der Schule überfordert ist, in tristen Siedlungen lebt, und wenn es obendrein an kommunalen Freizeitangeboten fehlt. Als Ausweg aus Ohnmacht und Langeweile bieten sich dann Jugendbanden mit ihrem Gewalt- und Suff-Kult an, bisweilen auch sonderbare Satansekten." So kann man nur hoffen, daß Bundeskanzler Gerhard Schröder auf längere Sicht unrecht haben wird, wenn er behauptet: "Bisher hat es noch jede Generation geschafft, einen eigenen Sound zu kreieren, der den Gruftis in den Ohren schlackert." Ja, in ihren Ohren schlackern die Lügen, die um so absurder und bedenkenloser formuliert werden, um so größer der zeitliche Abstand zu den dreißiger und vierziger Jahren dieses Jahrhunderts geworden ist.

Wem es nicht behagt, sich nach den Gründen für das Durchhaltevermögen der Väter im Zweiten Weltkrieg - also nach dem damals "kreierten Sound" - fragen zu lassen, der sollte immerhin nachdenken, was im ersten Nachkriegsjahr die Trümmerfrauen und die übriggebliebenen Männer veranlaßte, anzupacken, den Schutt in den Straßen abzuräumen und Häuser und Fabriken wieder aufzubauen. Das waren doch nicht Kinder einer Ellbogen- und Konsumgesellschaft, die das Schutt-Wegräumen als Selbstverwirklichung verstanden, sondern es war die Generation, die Gemeinsinn, Opferbereitschaft, Glück und Geborgenheit in der Kameradschaft miterlebt und sich bewahrt hatte. Bewahrt hatte, auch als 14 Millionen Vertriebene in Deutschlands ramponierten Häusern Obdach suchten und fanden. Nicht der Verfasser dieser Dokumentation, sondern die Psychologin Karin Maria Mensch war es, die am 1.11.1998 in der "Welt am Sonntag" schrieb: "Die Vergangenheit hat uns gelehrt, daß es besser ist, in einem sich gegenseitig unterstützenden "Wir" zu leben, als in einem einsamen, egozentrischen "Ich". "Wer diese Feststellung mit Leben erfüllen und sich an einem Beispiel vor Augen führen will, der lese den Bericht von Hans Hoffmann "Aachens Dom im Feuersturm / Die tausend Kriegsnächte der Mädchen und Jungen der Domwache." Dieses Weltkulturerbe verdankt seine Rettung in den Bombenstürmen des Zweiten Weltkrieges den Hitlerjungen und BDM-Mädeln, die mehrere hundert Brandbomben löschten.

Wären die Lügen keine Lügen, sondern Wahrheit, wäre die nationalsozialistische Jugend nur gedrillt worden, ohne politische Erfahrung und ohne Erziehung zu selbständigem Denken, wie zu früher Übernahme von Verantwortung, dann wäre doch wohl kaum vorstellbar, daß Angehörige dieser Generation im demokratischen Nachkriegsdeutschland ein Wirtschaftswunder hervorgebracht und führende Positionen in unserem freiheitlichen Rechtsstaat eingenommen hätten. Eine Liste ehemaliger Jungvolk- bzw. HJ-Führer in führenden Positionen des Nachkriegsdeutschland wird als Beweis dafür dieser Dokumentation beigefügt.

Der Spätheimkehrer Wolfgang Strauß schrieb in einem Brief an seine Kameraden: "Ohne die Härte, die Disziplin, Glauben und Idealismus meiner vierjährigen Zeit im Deutschen Jungvolk (1941-1944) hätte ich die sechs Jahre Workuta nicht überleben können. Hinter dem stalinistischen Stacheldraht, vor allem beim großen Bergarbeiter-Aufstand im Sommer 1953, erkannte ich abermals den zeitlosen Wert jener Gemeinschaftstugenden, die den Kern des HJ-Geistes ausgemacht haben, nämlich Opferbereitschaft, Todesverachtung, Freiheitsliebe, Mut, Askese, die Verbindung zum Volk und der Glaube an ein höheres Gesetz, als das materialistische."

Der Marburger Professor Erich Schwinge schreibt in seinem Buch "Bilanz der Kriegsgeneration": "Die Angehörigen der Kriegsgeneration haben sich als fähig erwiesen, Belastungsproben durchzustehen, wie sie den Deutschen seit dem Dreißigjährigen Krieg nicht mehr auferlegt worden sind." Und an anderer Stelle vermerkt er: "Einzig und allein der Widerstandskraft und dem Durchhaltewillen des deutschen Soldaten ist es zu verdanken, daß Westeuropa in der Zeit, in der die Westmächte zu einer Invasion noch nicht bereit waren, vor bolschewistischer Überflutung bewahrt wurde. Das war eine Leistung von welthistorischem Ausmaß."

Respekt vor solcher Leistung verlangt, Lügen und Unwahrheiten zurückzuweisen, weil diese den Weg zur Erkenntnis versperren, was an damals anerkannten Werten verdient, bewahrt zu werden. Nur, weil es mißbraucht wurde, war nicht alles und jedes falsch. Wenn heute "die mangelnde geistige Orientierung" bedauert wird (Mark Wössner, Aufsichtsratsvorsitzender der Bertelsmann-AG), so, weil Wertvorstellungen zerstört wurden, ohne die kein Weg in eine gedeihliche Zukunft führt, denn jede Zukunft braucht auch Herkunft. Und sicherlich ist es notwendig, daß Schröders Gruftis einer belogenen Generation wenigstens die Wahrheit hinterlassen.

Günter Kaufmann
im Januar 1999

Hans Günther Assel

Behauptungen des Autors in "Die Perversion der politischen Pädagogik im Nationalsozialismus" in "Schriften der Pädagogischen Hochschulen Bayern", 1969, Ehrenwirth Verlag: "Die Umkehrung aller Begriffswerte gehörte zu den typischen Begleiterscheinungen des Nationalsozialismus. So wurde der Mensch als amoralisches Wesen bezeichnet. Die Verwirrung aller sittlichen Grundlagen begann bereits in der Hitler-Jugend, weil man das "wahre Ich" im Instinkt und nicht im Geist und in der Sittlichkeit, die man als Folge des Domestikationsprozesses des "Raubtieres" deutete, sah. Deshalb pflegte man von der "Umwertung aller Werte" zu sprechen."

Tatsache ist, daß es keine Rede eines HJ-Führers, kein Dokument aus den Jahren des Dritten Reiches gibt, welches diese absurden Behauptungen stützen könnte. Auf "allen sittlichen Grundlagen" beruhten das Erziehungsprogramm und die Erlebniswelt der Hitler-Jugend (vgl. Sonderheft der Führerzeitschrift "Wille und Macht" "Von Frauen, Liebe und Sitte", Dezember Heft 1937). Von den sittlichen Grundlagen der Jugenderziehung hat der Kulturamtschef der Reichsjugendführung, Dr. Rainer Schlösser, in seinen, dem Autor dieser Dokumentation vorliegenden, Reden ausführlich gesprochen. Was für ein Unfug, von einer "Verwirrung aller sittlichen Grundlagen in der Hitler-Jugend" zu phantasieren, wo sie doch 1937 ein Buch "Goethe an uns" herausbrachte, das eine Auflage von 600.000 Exemplaren erreichte, in dem ein Kapitel "Von Frauen und Sitte", ein anderes von der "Bildung des Herzens" die Gedanken und Ratschläge des großen Weimaraners an die damalige Jugend vermittelt, Ratschläge, von denen man sich wünschte, sie würden in einer Zeit des Werteverfalls auch von der heutigen Jugend aufgenommen.

Obergebietsführer Dr.Rainer Schlösser
Chef des Kulturamtes der Reichsjugendführung

"Neue Vollendung ist nur auf der Grundlage neuer Ordnung denkbar und möglich, was wieder Selbstzucht und Arbeit am eigenen Ich zur Voraussetzung hat. Eines der sichersten Fundamente aber wird immer die Institution der Ehe bedeuten. Auch wenn die kriegerischen Aktionen dieser Zeit beendet sein werden, wird der Kampf der Geister weitergehen, und ideell werden wir in Front bleiben müssen. Front aber fordert Kameradschaft, engste Tuchfühlung mit dem Nächsten. Näher steht man sich nun nicht als Mann und Frau. Ihr Verhältnis muß von unbedingter Klarheit sein und nicht differenziert, wie das manche schon ernstlich ventilierte Vorschläge, welche Mehrehen, Nebenehen, legalisierte befristete Verhältnisse, lediglich im Hinblick auf Nachkommenschaft gedachte Verbindungen anempfehlen, zur Folge haben müßten. Die Lage ist zu ernst, als daß wir bei einer Grundfrage, wie der Beziehung der Geschlechter zueinander, laxe und labile Zustände aufkommen lassen dürften."

Aus einem Vortrag in der Akademie für Jugendführung in Braunschweig 1940

Will Berthold

Behauptung *im Klappentext zu Bertholds Buch " Lebensborn e.V". sowie in der gleichnamigen Serien der "Revue" und dem danach von Arthur Brauner gedrehten FTR/ALFA-Film: "Die Geschichte des Lebensborn", jenes Vereins, mit dem der Nationalsozialismus die nordische Rasse aufforsten wollte, ist kaum faßbare Wahrheit. In diesem Roman, den Will Berthold nach authentischem Material schrieb, wird eines der makabersten Verbrechen enthüllt, das je ein Staat inszenierte. Das Tiefste, was Männer und Frauen verbinden kann, wurde auf amtlichen Befehl mißbraucht. Die Leidtragenden waren die Frauen, die Mütter, denn ihre Kinder, kaum geboren, wurden ihnen vom Staat genommen. Und die Leidtragenden waren die Kinder, die ihren Vater und ihre Mutter nicht kannten."*

Tatsache ist, daß es sich hier nicht um eine "kaum faßbare Wahrheit", sondern um eine kaum faßbare Lüge handelt. Es genügt, zu zitieren, was nach Anhörung von mehr als 100 Zeugen der Internationale Militärgerichtshof (IMT) in Nürnberg im März 1948 in seinem Urteil feststellte: "Aus dem Beweismaterial geht klar hervor, daß der Verein Lebensborn e.V., der bereits lange vor dem Kriege bestand, eine Wohlfahrtseinrichtung und in erster Linie ein Entbindungsheim war. Von Anfang an galt seine Fürsorge den Müttern, sowohl den verheirateten als auch unverheirateten, sowohl den ehelichen wie unehelichen Kindern." Das IMT betont, "daß der Lebensborn unter den zahlreichen Organisationen in Deutschland, die sich mit ausländischen nach Deutschland verbrachten Kindern befaßten, die einzige Stelle war, die alles tat, was in ihrer Macht stand, um den Kindern eine angemessene Fürsorge zuteil werden zu lassen, und die rechtlichen Interessen der unter seiner Obhut gehaltenen Kinder zu wahren. Aus diesem Grunde halten wir den Lebensborn und den damit in Zusammenhang stehenden Angeklagten für nicht strafbar."

Die Reichsreferentin des BDM, Dr. Jutta Rüdiger, stellte im Krieg fest: "Selbst wenn man heute der "unehelichen Mutter" ohne Vorbehalte begegnen will, so ist es doch selbstverständlich, daß der Erziehungsauftrag einer Mädelorganisation, in der 10-21jährige Mädel erfaßt werden, nur lauten kann: die Mädel zur Mutter einer gesunden, ungestörten Familie zu erziehen und nicht zur unehelichen Mutter." Während der NS-Zeit wurden unter mehr als 1.000 BDM-Führerinnen sechs Fälle von unehelichen Geburten bekannt, in jedem Fall mußten diese Frauen aus dem BDM ausscheiden. Das Gerede, die Mädels sollten dem Führer ein Kind schenken, war von Feindsendern in die Welt gesetzt worden und galt der Zersetzung der öffentlichen Moral. Darauf antwortete Dr. Rainer Schlösser, Chef des Kulturamtes der Reichsjugendführung, in einer Schrift "Von der Selbständigkeit des Gewissens". Das Führerorgan "Wille und Macht" druckte die 6.Römerode des Horaz ab, die lautet:

> "Die Ehe sehen wir frevelhaft geschändet,
> Familie und Geschlecht sind frech entweiht,
> und des Verderbens Unglückswogen wendet
> auf Stadt und Land die schuldbeladene Zeit."

Wie die junge Generation wirklich dachte und handelte, kann nachgelesen werden in dem Artikel "Wir Feldgrauen und die Mutter des Volkes" ("Wille und Macht" Nr.10/1940), der mit dem Satz schließt: "Das Maß sei deine und meine Mutter. Ihre Würde und die ihr entgegenbrachte Achtung wollen wir auf die kommenden und werdenden Mütter übertragen."

Harro Betzold

Behauptungen: *In dem von Christine Lipp herausgegebenen Buch "Kindheit und Krieg - Erinnerungen" (Fischer Taschenbuch 1992) schreibt Betzold, dessen Vater Parteigenosse war und der sein Kindermädchen entließ, weil dessen Vater Jude war, folgendes: "Wir marschierten singend die Straße entlang. Ich trage meine Uniform mit Begeisterung. Ziel unseres Marsches ist der Vorplatz einer Kirche. Schon gestern erhielten wir unseren Befehl. Nun stehen wir bereit. Wir haben Wasserspritzen, zum Teil sind sie mit Tinte gefüllt. Wir haben Blechdosen, Knallerbsen, Kastanien, Transparente und den Text für den "Sprechchor". Nun kommen ein paar Leute aus der Kirche. Wir schreien, lärmen, bewerfen die Kirchgänger mit Blechbüchsen und Kastanien. Als die Wasser- und Tintenspritzen eingesetzt werden, fliehen die meisten in die Kirche. Eine ältere Frau aber geht unbeirrt durch unseren "Sperrgürtel". Ich sehe auf ihrem Gesicht die Verachtung."*

"Bei einem Geländespiel der HJ gehöre ich zur Siegergruppe. Ich bin schwach und auch feige. Aber diesmal habe ich mich überwunden: Ich habe mich in eine Rauferei gestürzt (allerdings mehr am Rande des Kampfgetümmels) und ich habe gesiegt. Großes Völkerballspiel der HJ auf dem Oberwiesenfeld. Es gelingt mir, als letzter im Spielfeld zu bleiben. Ich bin bis jetzt unbesiegt. Keiner konnte mich abschießen. Mein Gegner ist der Fähnleinführer. Und der schießt mich ab. Er trifft mich mit dem Vollball so hart und unglücklich, daß ich lebensgefährlich verletzt bin.

Ich bin nicht etwa ein verwundeter Held, nein, ich bin ein verachtenswerter Schwächling. Mein Vater bittet den Fähnleinführer zu einer Unterredung. Es geht um die hohen Arzt- und Krankenhauskosten. Der Fähnleinführer kommt. Er hält meinem Vater die Pistole an die Schläfe: "Sagen Sie, ob Sie etwas von mir wollen!" Mein Vater und meine Mutter sind leichenblaß. Ich zittere in meinem Bett: Der Fähnleinführer steckt gelassen die Pistole weg. Er grinst mich an. Dann sagt er, immer noch grinsend, zu meinem Vater: "Seien Sie froh, wenn er verreckt. Er macht Ihnen nur Schande. Schwächlinge haben keinen Platz bei uns!"

Tatsache ist, daß, wenn ein Unterführer solch einen Befehl ausgegeben hätte, Kirchgänger mit Blechdosen zu bewerfen, dieser sofort aus der HJ ausgeschlossen worden wäre. Eine Angabe des Ortes und die Nennung von Namen der Verantwortlichen hätte der Glaubwürdigkeit dieser Erinnerungen gedient. Eine eindeutige Unwahrheit ist die Mär vom Fähnleinführer, der den Vater mit einer Pistole bedroht haben soll, denn kein HJ-Führer, auch nicht dieser Fähnleinführer, besaß eine Pistole. Zur Ausstattung gehörte lediglich ein Fahrtenmesser.

Andrea Böltgen

Behauptung: *In ihrer Dissertation und dem im Centaurus Verlag erschienenen Buch "Führerinnen im Führerstaat" heißt es: "Die Mädel wurden ... streng hierarchisch organisiert und ihre Führerinnen den jeweiligen HJ-Führern unterstellt."*

Tatsache ist, die Mädel gestalteten selbständig ihren Mädeldienst, in den die HJ-Führer der entsprechenden Einheiten nicht hineinzureden hatten. In Schirachs 1934 erschienenen Buch "Hitler-Jugend - Idee und Gestalt" ist nachzulesen: "Der BDM ist selbständig bis in die Spitze." Befehle, Anordnungen und Weisungen, die sich nur auf die Mädelarbeit bezogen, wurden von der BDM-Reichsreferentin an die Mädelführerinnen weitergegeben.

Behauptung: *"Das Jahr 1938 stand für die Reichsreferentin unter dem Zeichen der Kriegsvorbereitung.... so mußte ab 1938 jedes BDM-Mädel einen Kurs in Gesundheits- und Unfalldienst besucht haben, um das silberne Leistungsabzeichen des BDM zu erhalten." "Als dann im September 1939 der Krieg ausbrach, lagen die erforderlichen Einsatzbefehle für den BDM bereits in den Schubladen der Obergauführerinnen."*

Tatsache ist, daß die Reichsreferentin nie die Aufgabe gestellt erhalten hatte, die Mädel auf einen Krieg vorzubereiten. In seiner "Geschichte der Deutschen" (S.160) überliefert Diwald den Ausspruch Schirachs bei einer Auseinandersetzung mit Rommel, der sich bei ihm für eine vormilitärische Erziehung der Jugendlichen verwandt hatte, und den der Autor dieser Dokumentation mitgehört hat: "Ich erziehe die Jugend für den Frieden, nicht für den Krieg !" Darum hielt auch 1941 Generalmajor Hans Frießner, der Inspekteur des Erziehungs- und Bildungswesens der Wehrmacht, einen Vortrag "Forderung der

Reichsreferentin des BDM, Dr. Jutta Rüdiger,
mit einem ausländischen Gast

Wehrmacht an die Jugenderziehung" (Verlag Gebr. Scheur, Bonn) . Dieses Jahr 1938 hatte Schirach übrigens zum "Jahr der Verständigung" erklärt, war das BDM-Werk "Glaube und Schönheit" und für die Jungen das Aufbauwerk "Architektur und Technik" ins Leben gerufen worden. Von einer Vorbereitung auf den Krieg konnte also keine Rede sein, und so lagen auch keine Einsatzbefehle in den Schubladen der Obergauführerinnen. Die Reichsjugendführung wurde unvorbereitet vom Kriegsausbruch überrascht. Drei Tage danach befaßte sich die Jugendführung auf einer Amtschefsitzung mit den Konsequenzen und Schirach erklärte dabei wörtlich: "Dieser Krieg kann sieben Jahre dauern, und wenn die USA in ihn eintreten, dann gnade uns Gott!"

Behauptung im Zusammenhang mit der 1942 erfolgten Gründung des "Europäischen Jugendverbandes": "Das Bemühen um Verständigung erstreckte sich allerdings nur auf die befreundeten oder verbündeten Staaten. Gegen alle übrigen galt es, sich abzugrenzen."

Tatsache ist, daß an der Gründung des Europäischen Jugendverbandes die Delegationen von 14 Nationen teilnahmen, auch die der zuvor besiegten Staaten, dazu u.a. auch die der baltischen Staaten und der Tschechen. Gegen andere mußte man sich nicht abgrenzen, zumal dann nicht, wenn sie mit Deutschland im Krieg standen.

Hans-Christian Brandenburg

Behauptungen in seinem Buch "Die Geschichte der Hitler-Jugend" (Verlag Wissenschaft und Politik, Köln 1968): "Die von Hitler auf der Führertagung der NSDAP am 20.1.1929 geprägte und von der HJ lautlos propagierte Forderung "Jugend muß von Jugend geführt werden" war glatter Hohn und ein plumper Bauernfang."

Tatsache ist, daß eine neun Millionen-Organisation nur dank dieses Grundsatzes geführt werden konnte. Beweis dafür ist der Sachverhalt, daß es lediglich 11.500 hauptamtliche, in der Regel erwachsene HJ-Führer gab - neben 750.000 ehrenamtlichen Jungen und Mädeln, die die kleinsten Einheiten führten. Wenn z.B. ein Jungbann ins Zeltlager zog und 500 Pimpfe von vielleicht drei Erwachsenen und sechs Jungen zwischen 17 und 19 Jahren versorgt, verpflegt und geschult wurden, so konnte das nur gelingen, wenn sich die Jugend in kleinen Einheiten selbst führte.

Behauptungen: "Die gesunde Urteilsfähigkeit der Jugend wurde durch die HJ getrübt. An Stelle der Gemeinsamkeit setzte die HJ die Einförmigkeit. Statt innerer Freiheit schuf die HJ sturen Fanatismus. Die HJ hatte ihre Freiheit an die Macht verkauft."

Tatsache ist, daß die Jugend dank der nationalsozialistischen Jugendbewegung zu einer gesunden Urteilsfähigkeit erzogen wurde, wie das die vielfachen Wettkämpfe und die Betätigung in den unterschiedlichsten Funktionen etwa in Chören, Spielscharen, Fanfarenzügen, in Marine-HJ, - Flieger- oder Motor-HJ-Einheiten bewiesen haben. Die gesunde Urteilsfähigkeit kann jeder bestätigt sehen im Leitartikel der April-Ausgabe 1943 des HJ-Führerorgans "Wille und Macht", worin es hieß:

"Wir wollen keine Rassenideologen dulden, die dahergehen und die Völker nach ihren rassischen Merkmalen klassifizieren. Das erste Reich der Deutschen setzte sich aus germanischen und romanischen Völkern zusammen und bildete damit das Gefüge der europäischen Staatenwelt. Wir nahmen als Volk der Mitte Blut aller Völker des Kontinents in uns auf - ein Blick über die Friedrichstraße in Berlin oder über die Kärtnerstraße in Wien, aber auch über eine der braven Grenadierkompanien lehrt das ganz deutlich..."

Wer da noch über "die Trübung der Urteilsfähigkeit" der Jugend durch die HJ schwadroniert, reiht sich damit selbst in die politische Narrenzunft ein. Kein Wunder, daß Brandenburg "Fanatismus" mit unerschütterlicher Treue und Tapferkeit verwechselt.

Und was schließlich die "Einförmigkeit" betrifft, so gab es in der Hitler-Jugend 30.082 Arbeitsgemeinschaften, davon 11.000 häusliche Erziehung (Kochen, Nähen, geschmackvolle Kleidung, Wohnkultur, Kultur im Heim und in der Familie), ferner gab es 1.726 Gesundheitsdienst-Arbeitsgemeinschaften, 5.526 Arbeitsgemeinschaften für Leibesübungen (Gymnastik, Leichtathletik, Schwimmen, Tennis, Fechten, Rollschuhlauf, Eislauf, Hockey, Ski, Wassersport) und 11.830 sonstige Arbeitsgemeinschaften, u.a. Modellieren, Zeichnen, Schnitzen. Eine "Geschichte der Hitler-Jugend" abzufassen, sollte doch heißen, sich mit deren Inhalten befassen und nicht, sie dem heutigen Zeitgeist zuliebe verdrängen.

In zahlreichen Landobergauen des BDM
bestanden eigene Web- und Werkschulen

Dieter Borkowski

Behauptungen: In der "Berliner Morgenpost" vom 17.3.85 veröffentlichte Borkowski einen Artikel "Es geschah vor 40 Jahren":

"Iris spielte auch niemals mit Puppen und Kinderwagen, zusammen mit den Jungen von der Grimmstraße und dem Cottbuser Damm waren ihr Kriegs- und Indianerkämpfe unter Klassenkameraden und Schulfreunden das Schönste. Schon zweimal hatte sie sich freiwillig bei der Reichsjugendführung in Charlottenburg gemeldet.

Weil sie noch zu jung war, hatte man es ihr verwehrt, als Marine- oder Stabshelferin zur Wehrmacht zu gehen. Jetzt erhielt sie von der Reichsjugendführung die Nachricht, sich sofort zu melden.

Die Reichsreferentin im Bund Deutscher Mädchen teilte ihr die frohe Botschaft mit: "Reichsleiter Bormann erhielt gestern den Führerbefehl, daß ein erstes Frauenbataillon aufzustellen sei. Es wird auf silbernem Armstreifen den Namen Adolf Hitlers tragen. Du kannst sofort als Scharführerin in ein Ausbildungslager der SS in die Nähe von Potsdam fahren. Schwerpunkt der Ausbildung wird an Panzernahbekämpfungsmitteln erfolgen. Das Frauenbataillon wird mit Fahrrädern ausgerüstet und daher sehr beweglich sein!"

Iris freute sich unbändig. Tante Lis packte ihr abends das Nötigste zusammen und bestärkte ihre Siegeszuversicht.

"Iris, mit euch, seiner tapferen Jugend, die seinen Namen trägt, wird der Führer diese letzte Bewährungsprobe bestehen! Ruf mich von Potsdam aus im Innenministerium an, wenn du etwas brauchst..."

Begeistert setzte sich Iris in die S-Bahn und fuhr nach Potsdam, von wo aus die zukünftigen Angehörigen des Frauenbataillons in die SS-Unterkunft gebracht wurden..."

DIE HITLER-JUGEND

und ihr Selbstverständnis im Spiegel ihrer Aufgabengebiete

herausgegeben von
Dr. Jutta Rüdiger

Studienausgabe

Tatsache ist, was dazu die Reichsreferentin des BDM, Dr. Jutta Rüdiger, feststellte: "Um der historischen Wahrheit willen fühle ich mich als ehemalige Reichsreferentin für den Bund Deutscher Mädel verpflichtet, den Teil Ihrer Serie, der den Bund Deutscher Mädel betrifft, zu berichtigen. Es gab im BDM keine Maiden, sondern Mädel.

Mädelführerinnen haben sich nicht in der Reichsjugendführung gemeldet. Es wurden auch keine Mädelführerinnen unmittelbar von der Reichsjugendführung eingesetzt. So hat auch die Reichsreferentin für den Bund Deutscher Mädel keiner Mädelführerin und überhaupt nie "eine frohe Botschaft mitgeteilt", die Aufstellung eines Frauenbataillons betreffend. Denn genau das Gegenteil war der Fall! Die Reichsreferentin lehnte die Aufstellung eines Frauenbataillons und einen entsprechenden Einsatz von Mädeln ab."

Fred Borth

Behauptungen in seinem Buch "Nicht zu jung zum Sterben / Die Hitler-Jugend im Kampf um Wien 1945" (Amalthea Verlag): "Ich kann es nicht leugnen, mehr als 25 Jahre war ich in der nationalen Bewegung tätig. Zuerst als ahnungsloser Pimpf, später als gläubiger HJ-Führer, dann wurde ich freiwillig politischer Soldat, wie man das damals so sagte, und gehörte der Waffen-SS an."

Tatsache ist, daß Borth niemals HJ-Führer und ein Soldat der Waffen-SS und Ritterkreuzträger war, alles Schwindel, jedoch als Jugendführer zu der von der sowjetischen Besatzungsmacht finanzierten und gesteuerten "Nationalen Liga" gehörte. Später betätigte er sich als Informant des italienischen Geheimdienstes Gladio, wie aus dem Abschlußbericht einer italienischen parlamentarischen Untersuchungskommission vom März 1992 hervorgeht.

Falsch ist, wenn Borth auf Seite 78 seines Buches behauptet, Schirach habe sich im März 1945 nach Oberösterreich abgesetzt. Er verließ vielmehr auf Befehl Hitlers Wien am 13. April, als die Stadt von General Bittrich bereits aufgegeben worden war und begab sich zur Truppe. In dem Kellerraum der Hofburg, wohin sich zuvor Schirach als Reichsverteidigungskommissar zurückgezogen hatte, ließ er zwei wertvolle Bilder und einen Teppich aus seinem Haus auf der Hohen Warte bringen. Unter dorthin verbrachten Lebensmitteln befand sich kein Kaviar, wie der Adjutant Wieshofer bestätigt hat. Alles Borthsche Phantasie!

Behauptung: Schirach sei nach Meinung österreichischer HJ-Führer ein Deserteur gewesen und der Führerbefehl, sich mit seinem letzten Dienstgrad zur Truppe zu begeben, sei "blanker Unsinn" gewesen (Seite 266). Weil er sich "in seiner

Ehre gekränkt" fühlte, brachte Schirach in den späten sechziger Jahren eine Klage beim Landgericht München I ein. Sie wurde abgewiesen, da der Vorwurf der Fahnenflucht nicht entkräftet werden konnte.

Tatsache ist, daß Baldur von Schirach seine Uniform erst am Tag nach der Kapitulation in seinem Schwazer Quartier abgelegt hat und damit Fahnenflucht ausgeschlossen war, was dazu führte, daß die Klage eben nicht abgewiesen wurde, sondern die beklagte Illustrierte in einem gerichtlichen Vergleich den Vorwurf zurücknahm.

Michael Buddrus

Beschuldigung: *Der ehemalige FDJ-Funktionär dokumentiert im Magazin "Focus" Nr.46/98 Erpressungen von Juden in der "Reichskristallnacht" und berichtet über 5.000 Mark, die eine Gruppe von HJ-Führern dem Inhaber des Hauses Bernheimer abgetrotzt habe. (Buddrus war Berater von Guido Knopp in der Sendereihe "Hitlers Helfer")*

Unterschlagene Tatsachen: Obschon bei seinen Recherchen von Zeitzeugen gründlich aufgeklärt, daß der Reichsjugendführer Baldur von Schirach die Ausschreitungen gegen Juden als "Kulturschande" bezeichnet und die Teilnahme der HJ an Aktionen durch Telefonrundruf ausdrücklich verboten hatte, wird dieser Sachverhalt entweder von ihm oder von der Redaktion bei Kürzungen verdrängt und bleibt unerwähnt. Unterschlagen wird vor allem, daß Frau v. Schirach, eine Stammkundin des Hauses Bernheimer, kurz darauf bei einem Besuch Herrn Bernheimer die von HJ-Führern erpreßte Geldsumme zurückgab und sich für die HJ bei ihm entschuldigte. Gegen die HJ-Führer wurde ein Disziplinarverfahren eingeleitet.

Beschuldigung: *In seinem, zusammen mit K. H. Jahnke herausgegebenen Buch "Deutsche Jugend 1933- 1945" (S.21): "Um die Jugend umfassend auf Wehrdienst und Krieg vorzubereiten, begann sich ein weitverzweigtes Netz von Verbindungen zwischen Wehrmacht und HJ herauszubilden. Eine besondere Rolle spielten dabei die Verbindungsoffiziere zur HJ aus den einzelnen Truppenteilen. Die HJ erhielt Unterstützung bei der jetzt in der gesamten Organisation einsetzenden Schießausbildung."Mehrfach wird von "Zwang und Drill" gesprochen. Die Hitler-Jugend wird als "faschistische Jugendorganisation" bezeichnet.*

Tatsache ist, daß Baldur v. Schirach das Angebot des Verbindungsoffiziers des Oberkommandos der Wehrmacht, Oberstleutnant Erwin Rommel, abgelehnt hat, Unteroffiziere der Wehrmacht zur vormilitärischen Ausbildung der HJ-Einheiten abzustellen. Er begründete seine Ablehnung mit den Worten: "Ich erziehe die Jugend für den Frieden, nicht für den Krieg!" So unterblieb der Einsatz von Wehrmachtspersonal in den HJ-Einheiten, in denen jede Art von Drill ausdrücklich verboten war. Schirach ergänzte die körperliche, geistige und sittliche Erziehung um die musische Bildung, damit Jungen und Mädel zu gemeinschaftsgebundenen Persönlichkeiten sich entwickeln konnten. Darunter wurde verstanden, daß jedem einzelnen die Möglichkeit gegeben werden sollte, sich seinen Anlagen, Fähigkeiten und Interessen entsprechend zu entwickeln und sich zugleich der Gemeinschaft zu verpflichten. Die HJ war darüber hinaus keine "faschistische Jugendorganisation", sondern eine nationalsozialistische Jugendorganisation. Buddrus hatte in seiner DDR-Zeit allerdings gelernt, alle Gegner des Bolschewismus als Faschisten zu titulieren. Über den deutlichen Unterschied von Faschismus und Nationalsozialismus gibt die Fachliteratur erschöpfend Auskunft. Die Propagandathesen aus Moskau haben aber in einer seriösen Publikation über die Jugend nichts zu suchen.

HJ-Junge beim Streifendienst

HJ. im Dienst

Ausbildungsvorschrift
für die Ertüchtigung der deutschen Jugend

**Herausgegeben von der
Reichsjugendführung**

Verlag Bernard & Graefe, Berlin SW 68

Joachim Burchardi

Behauptungen *dieses Autors in der Zeitschrift "Neue Feuerwehr", Oktober 1994: "Den Bünden ging es in erster Linie um die individuelle Charakterbildung und um das Gruppenleben, die Hitler-Jugend bildete vor allem Nachwuchs für SA und SS aus. Während sich die Bünde in die Einsamkeit der Wälder zurückzogen und auf weite abenteuerliche Großfahrten gingen, war es die Hauptaufgabe der HJ, die Öffentlichkeit mit Paraden durch die Straßen der Großstädte zu beeindrucken."*

Tatsache ist, daß Burchardi die Reden Schirachs (in "Revolution der Erziehung") nicht nachgelesen hat, in denen er sich über den Vorrang der Charakterbildung äußert. Auch hat die Hitler-Jugend für niemanden Nachwuchs ausgebildet, weil der in der HJ erzogene Nachwuchs von alleine aus biologischen Gründen den Organisationen der Erwachsenen zuwuchs. Wenn der Autor behauptet, die Bündischen seien auf Fahrt gegangen, die HJ aber habe "Paraden" veranstaltet, muß er sich fragen lassen, warum die Reichsjugendführung zwischen 1933 und 1939 1.220 neue Heime und 600 neue Jugendherbergen erbauen ließ. Heime und Herbergen braucht man nicht für Paraden. Im Jahre 1932 wurden in den Jugendherbergen vier Millionen Übernachtungen registriert, unter Schirach waren es 1939 8,7 Millionen, was einen Boom des Jugendwanderns beweist. Während der Autor "Paraden", die es nirgendwo gab, als Hauptaufgabe der HJ bezeichnet, unterschlägt er Aufgaben wie den Reichsberufswettkampf, die Sportwettkämpfe, die Theater-Wochen, das Leben der Spielscharen, das BDM Werk "Glaube und Schönheit". Seine Behauptungen muß man als absurd bezeichnen.

Architekturzeichnungen zweier Heimbauten der HJ

Sigrid Chamberlain

Behauptung *in ihrem Buch "Adolf Hitler, die deutsche Mutter und ihr Kind", Psychosozial-Verlag Gießen, 1998: "Eine nationalsozialistische Erziehung ist immer auch eine Erziehung durch Bindungslosigkeit zu Bindungsunfähigkeit" "Es gehört unabdingbar zu einer nationalsozialistischen Erziehung, das Baby, das kleine Kind in einem ständigen Spannungszustand zu halten. Ein Zustand relativer Spannungsfreiheit kennt es kaum oder möglicherweise gar nicht. Diese ständige, absichtsvolle Aufrechterhalten von Spannung, das Aufputschen, Aufheizen gehört auch weiterhin zum faschistischen System - und die Möglichkeiten zu explosionsartigen destruktiven Entladungen, bei denen dann wieder Tapferkeit, oder, wie es Hitler gern nennt, Draufgängertum gezeigt werden kann, ebenfalls"... "Die Hitler-Jugend und nicht eine glückliche Mutter-Kind-Beziehung sollte dem nationalsozialistischen Menschen das erste Gemeinschaftserlebnis vermitteln."*

Tatsache ist, daß die nationalsozialistische Erziehung Geborgenheit in der Gemeinschaft und Kameradschaft in den Einheiten begründete. Bei einer Erziehung zur Bindungsunfähigkeit hätte die Front im 2. Weltkrieg keine drei Tage gehalten und alle Soldaten wären davongelaufen. Auch gibt es keine Reden, keine Schriften aus der NS-Zeit, die jene absurde Behauptung belegen würden, daß es Aufgabe der nationalsozialistischen Erziehung gewesen sei, bereits das Baby "in einem ständigen Spannungszustand zu halten." Aus einer Klapsmühle stammt wohl der letzte Satz obigen Zitats, der jede Auseinandersetzung unter normal veranlagten Menschen hinfällig werden läßt.

Michael Faber

Behauptung: *In der Publikation "Kindheit - Spielzeit?" der Schriftenreihe des Landesmuseums für Volkskunde (S. 66) heißt es: "Siegreich woll'n wir Frankreich schlagen" - mit solchen Liedern und Sprüchen wird schon den Kindern das Bild vom "Erbfeind" eingepflanzt. Kindertrommeln und -trompeten geben die rechte Begleitmusik.*

Tatsache: Wenn in der Hitler-Jugend, gegen die diese Behauptung gemünzt ist, tatsächlich ein solches Lied gesungen worden wäre, dann hätte wohl der französische Ministerpräsident Chautemps nicht 1937 im Führerorgan der HJ "Wille und Macht" einen Leitartikel veröffentlicht, dann hätte wohl der französische Botschafter in Berlin, François-Poncet, nicht seinen Sohn als Gastmitglied in die HJ aufnehmen lassen und der französische Staatspräsident Lebrun eine HJ-Abordnung auf Schloß Rambouillet nicht mit den Worten begrüßt: "Ihr seid die glücklichste Jugend der Welt!"

Außerdem beweist das Dokument aus dem Führerorgan der HJ (1.1.1938), worum es der Hitler-Jugend wirklich ging und widerlegt die Lügen der Publikation des Michael Faber.

Wille und Macht

Führerorgan der nationalsozialistischen Jugend

HERAUSGEBER: BALDUR VON SCHIRACH

Jahrgang 6 | Berlin, 1. Januar 1938 | Heft 1

Jugenderziehung im Zeichen des Friedens!

Rudolf Heß hatte in seiner Weihnachtsbotschaft erklärt: „Die in ihrem Streben nach Erhaltung des Friedens immer wirksamer werdende Kameradschaft der Frontsoldaten des großen Krieges und das Kennenlernen der Jugend, deren Väter gegeneinander im Felde standen, nimmt den Kriegshetzern ebenfalls immer mehr die Aussicht auf Erfolg." Die Jahresparole für die Arbeit der Hitler-Jugend 1938, wie sie Baldur v. Schirach verkündete, wird nunmehr der Welt einen neuen Beweis dafür geben, daß die im vergangenen Jahr aufgenommenen Verständigungsbemühungen der HJ., vor allem im Hinblick auf Frankreich, keine in Zeitungsartikeln formulierte theoretische Abhandlungen sein wollen — sondern sich aus einem auf journalistischer Ebene begonnenen Zwiegespräch eine praktische Friedensarbeit der deutschen Jugend entwickelt. Die Einladung an tausend französische Frontkämpfersöhne, im Sommer dieses Jahres Deutschland als Gäste der HJ. zu besuchen, wie sie der Reichsjugendführer selbst in Paris überbrachte, war der Auftakt zu einer Arbeit, die sich Verständigung und Frieden, aber nicht Krieg zum Ziel gesetzt hat.

Joachim Fest

Behauptung *in seinem Buch "Das Gesicht des Dritten Reiches" (Seite 300 ff): Schirachs "unechtes Wesen bestimmte Richtung und Weg der HJ-Schulung und lehrte eine Generation junger Menschen zu glauben, zu gehorchen und zu sterben" - "Selten war eine Generation unmündiger als diese. Das Prinzip der Selbständigkeit galt ausschließlich im Verhältnis zur bürgerlichen Umwelt und war ein Mittel zur Unterhöhlung der traditionellen Erziehungsträger." Als "Hang zur Selbstdramatisierung" bezeichnet Fest den Hinweis Schirachs im Nürnberger Prozeß, er fürchtete, vor einen Volksgerichtshof gestellt zu werden.*

Tatsachen, aufgeführt in einem Brief an Fest: "Was ist das für ein Unfug, jemandem ein "unechtes Wesen" anzudichten, der eigenwillige Vorstellungen vom Nationalsozialismus und der Zukunft des Dritten Reiches vertrat, z.B. als er, obwohl es verboten war, Wlassows Aufruf an seine mitgefangenen Soldaten veröffentlichte und den General am Ballhausplatz wie einen Staatsgast empfing, oder seine Häresie in Fragen der Kunst, was Hitler veranlaßte, Schirachs Wiener Ausstellung "Junge Kunst" verbieten zu lassen. Hätten Sie einen halben Tag Zeit darauf verwendet, Schirachs Reden in seinem Band "Revolution der Erziehung" zu lesen oder in Jahrgängen seiner Führerzeitschrift zu blättern, so wäre Ihnen wohl nicht verborgen geblieben, daß sich in Schirachs Reden keine Aufforderung zu Gewalttätigkeiten, keine Hervorhebung von Herrenrasse, keine Untermenschentheorie findet. Im Leitartikel der Aprilnummer 1943 der von ihm herausgegebenen Führerzeitschrift "Wille und Macht" steht der Satz: "Wir wollen keine Rassenideologen dulden, die dahergehen und die Völker nach ihren rassischen Merkmalen klassifizieren... usw." Die Erziehung zum musischen Menschen, der neben seiner soldatischen Haltung das Bild der

Das Wiener Kulturprogramm

Rede des Reichsleiters

Baldur von Schirach

im Wiener Burgtheater am
Sonntag, den 6. April 1941

[ca. 1941]

Herausgegeben vom Gaupropagandaamt Wien der NSDAP.

Verlag: Zentralverlag der NSDAP., Franz Eher Nachf. G.m.b.H.
Zweigniederlassung Wien VII/62, Seidengasse 3 – 11

Verkaufspreis 10 Rpfg.

heranwachsenden Generation prägen sollte, ist neben der beruflichen Förderung (Reichsberufswettkampf, Überwindung der Jugendarbeitslosigkeit, Gesundheitsförderung) ein ganz wesentliches Element von Schirachs Funktion im Dritten Reich. Es zeugt von einem hohen Grad an Unvermögen, sich in die damaligen Zeitverhältnisse zu versetzen, wenn Sie schreiben, daß "selten eine heranwachsende Generation unmündiger war als diese". Und: "Das Prinzip der Selbständigkeit galt ausschließlich im Verhältnis zur bürgerlichen Welt und war ein Mittel zur Unterhöhlung der traditionellen Erziehungsträger", über deren Versagen in der Weimarer Republik Sie kein Wort verlieren. In Wahrheit war der Grundsatz "Jugend soll von Jugend geführt werden" die Voraussetzung dafür, junge Menschen frühzeitig mit Verantwortung zu betrauen, Jugend zu fordern und sich in der Kameradschaft mit Gleichaltrigen zu bewähren. Nur mit diesen Vorgaben konnte eine Acht-Millionen-Organisation geführt werden, und das mit einem Minimum an hauptamtlichen, zuvor ausgebildeten Kräften. Wenn Sie Schirach "eine systematische Diffamierung von Vernunft, Wissen und vorzugsweise mit dem Adjektiv "feige" gekoppelten Intellekt" andichten, so zeigt das nur, daß Sie eine Person der Zeitgeschichte verunglimpfen, mit deren tatsächlichem Wirken Sie sich nicht gründlich beschäftigt haben. Oder waren es denn alles Schlafmützen, die einen Mann, den Sie der systematischen Diffamierung von Wissen und Vernunft beschuldigen, zum Präsidenten der Deutschen Bibliophilen Gesellschaft gewählt haben? Was konnte Gerhart Hauptmann, Josef Weinheber, Agnes Miegel oder Richard Strauß dazu bewegen, Freundschaft mit Schirach zu pflegen und sogar im Falle Strauß die Patenschaft für den Schirach-Sohn Richard zu übernehmen? Oder lesen Sie doch einmal die Goethe-Reden nach, die in Weimar der Jugendführer Erich Honecker und der Jugendführer Baldur von Schirach gehalten haben; dann erfahren Sie im Vergleich, was die Diffamierung von Vernunft und Wissen bedeutet. Und wenn wir schon beim Vergleichen sind: Denken Sie darüber nach, daß wir ohne Schirachs "Diffamierung von Vernunft und Wissen" in unserer Zeit 400.000 Analphabeten in der Bundesrepublik und katastrophale Verhältnisse, vor allem in den Schulen Hessens, zu verzeichnen haben. Und meinen Sie wirklich, daß ein Jugendführer, wie Sie ihn hier abbilden, vom türkischen Staatspräsidenten Atatürk, vom persischen Schah (um nur zwei von mehreren Staatsoberhäuptern zu nennen) zu Staatsbesuchen in ihre Länder eingeladen und dabei gebeten worden wären, durch Ernennung von Verbindungs-Jugendführern ihnen beim Aufbau einer eigenen Staatsjugend zu helfen!? Ich fordere Sie auf, seine Reden und Schriften zu lesen und dann erst mit handfesten Beweisen Urteile zu fällen. Offensichtlich haben Sie keine Ahnung, was die Hitler-Jugend wirklich gemacht hat. Da haben nun wirklich nicht acht Millionen Jugendliche unter einem Jugendführer "mit unechtem Wesen" die Ohren angelegt, um unmündig zum Sterben befohlen zu werden. In Wahrheit hat sich unter Schirachs Führung die soziale Situation der Jugend gegenüber der Weimarer Republik nachweislich verbessert, und diese Jugend ist körperlich, geistig und musisch gebildet worden.

Üble Nachrede leisten Sie sich, wenn Sie Schirachs Hinweis auf seinen Verdacht, er könne vor den Volksgerichtshof gestellt werden, als seinen "Hang zur Selbstdramatisierung" bezeichnen. Hätten Sie die Protokolle des Nürnberger Prozesses nachgelesen, dann wäre Ihnen aufgefallen, daß Schirachs Verdacht mit "Selbstdramatisierung" nichts zu tun hatte, sondern Himmler ein solches Volksgerichtshofverfahren gegen Schirach gefordert hatte (Protokolle Band 17/18, S. 484). Hätte es für einen nach geschichtlichen Wahrheiten suchenden Autor nicht nahe gelegen, darüber nachzudenken, was Rosenberg veranlaßte, Schirach vorzuwerfen, eine Partei in der Partei anzuführen, was Goebbels veranlaßte, ihm in einer Tagebucheintragung nachzusagen, daß er kein richtiger Nationalsozialist sei, und was Hitler bewog, Schirach an den Kopf zu werfen, eine kulturelle Opposition gegen ihn anzuführen?

Alles das verschweigt und verdrängt Herr Fest, ein Vertreter übler Unwahrheiten.

Ich halte es für unfair und tendenziös, wenn Sie in einer Schirach-Abhandlung verschweigen, daß er mit der verantwortlichen Leitung der Kinderlandverschickung im Kriege hunderttausenden Jungen und Mädeln das Leben vor dem Bombenterror der Alliierten gerettet hat. Und das alles vermochte er mit seinem von Ihnen erfundenen "unechten Wesen".

Ein ernstzunehmender Rezensent hätte allem voran sich Gedanken darüber machen müssen, was wohl die Voraussetzung durch Jugenderziehung und dank Jugendbewegung dafür war, daß die Front im Kriege unter unbeschreiblich harten Bedingungen so lange hielt. Würde Vergleichbares die heutige Jugend aushalten? Und ein Schirachporträt läßt sich nicht abschließen, ohne dessen eindeutige Distanzierung in Nürnberg von Hitlers Verbrechen zu erwähnen, und auf die Übernahme aller Verantwortung für Handlungen der Hitler-Jugend vor der Geschichte hinzuweisen. Zu seiner Hinterlassenschaft gehört wohl nicht zuletzt auch sein Beitrag zur Überwindung der Klassengegensätze, wie sie noch in der Weimarer Republik bestimmend waren, und die niemand nach 1945 sich zurückwünschte.

Helmut J. Fischer

Behauptungen stellt Fischer in seinem im Arndt-Verlag erschienen Buch "Hitlers Apparat" auf, die im Kapitel 135 "Die Hitler-Jugend" (S. 70/71) zu finden sind: "Der Führer der HJ, Baldur v. Schirach, wurde auch der Führer der Staatsjugend und als solcher Leiter einer Abteilung im Reichsministerium des Innern... Mit dem unbeirrbaren Glauben an den Führer wurde aber die Autorität anderer untergraben oder ganz allgemein der Erwachsenen. In der HJ huldigte man der Devise "Jugend muß von Jugend geführt werden!" Die Erwachsenen galten schlechthin als "verkalkt" und unmaßgeblich. Die Lehrer aber wurden als "Arschpauker" oder "Steißtrommler" verächtlich gemacht."

Tatsache ist, daß Schirach niemals Leiter einer Abteilung im Reichsinnenministerium war, sondern Chef einer Obersten Reichsbehörde mit Sitz in der Reichskanzlei. Eine ungeheuerliche Unwahrheit ist die Behauptung, daß die HJ die Autorität der Erwachsenen untergraben habe, was durch Schirachs gesammelte Reden ("Revolution der Erziehung") und sein Führerorgan "Wille und Macht" eindeutig widerlegt wird und von Fischer durch nichts bewiesen wird! In seinem liederlich abgefaßten Kapitel fehlen alle Hinweise auf den Reichsberufswettkampf, die Fahrten und Zeltlager, die Auslandsreisen, den Bau von Heimen und Herbergen, die Sportwettkämpfe u.v.m. Die Erziehung zur Ehrfurcht war ein Leitmotiv der Arbeit des Reichsjugendführers. Es schloß alle Erwachsenen ein. Er hat niemals generalisierend von "Arschpaukern" gesprochen, wie er wohl auch nicht von "Arschautoren" im Dienst des nachmaligen Zeitgeistes gesprochen hätte.

In den schönsten Teilen Deutschlands lagen die Zeltstädte der Jugend: in den Bergen und an der See. Hier erlebte und besang sie die Schönheit ihrer deutschen Heimat.

"Focus"-Redaktion

Behauptung *in dem Artikel "Hitler-Jugend - blind und gläubig" in Heft Nr. 19/1995: Schirach habe nach seiner Entlassung aus Spandau gezeigt, "daß er nichts dazugelernt" habe und im Fernsehen verkündet, "er würde genauso handeln, wie im Dritten Reich, wenn er noch einmal die Jugend zu führen hätte."*

Wahr hingegen ist, daß er eine solche Erklärung nicht abgegeben hat; im Gegenteil - und das ist in den Protokollen des Internationalen Nürnberger Militärgerichtshofes nachzulesen - hat er Hitler als "millionenfachen Mörder" bezeichnet. Also würde er wohl, wenn er noch einmal Jugend zu führen gehabt hätte, keinerlei "Führerkult" mehr betreiben. Wozu sich Schirach jedoch ausdrücklich bekannt hat, ist die auch in Zukunft notwendige und heute verpönte Erziehung zu Wertvorstellungen wie Gemeinsinn, Opferbereitschaft, Disziplin, Kameradschaft und Treue, wie auch Vaterlandsliebe, und zu Einrichtungen wie Berufswettkampf, Spielscharen, sportliche Ertüchtigung und musische Unterweisung, Jugendheime und Herbergen. Diese Wertvorstellungen und daraus entstandenen Handlungsweisen sind keine nationalsozialistische Weltanschauung, sondern Erziehungsmaximen, die bei Goethe wie auch schon bei Perikles nachzulesen sind. Wer genau hinhört, kann entdecken, daß sogar heutige Politiker sich die Rückbesinnung auf einige solcher Wertvorstellungen in öffentlichen Reden wünschen.

Hermann Franken

<u>Behauptungen:</u> *Unter dem Titel "Auf schmalem Grat" hat Prof. Hermann Franken, Direktor einer medizinischen Klinik in Freiburg i.Br., im Scherz Verlag 1990 ein Selbstportrait geliefert. Das Kapitel "Erfahrungen mit der HJ" beginnt mit folgenden Sätzen:*

"Als Vierzehnjähriger stand ich vor der Frage, wie ich mich vor den Mißlichkeiten des HJ-Dienstes am besten drückte. Unternahm ich von mir aus nichts, wurde ich zwangslaufig in die sog. Pflicht-HJ übernommen, eine zusammengewürfelte üble Horde. Halbwüchsige von der Straße spielten sich dort als Führer auf, der Dienst bestand aus Schleifen und Herummarschieren. Fehlte man dreimal unentschuldigt, drohte über das Wochenende Jugendarrest mit Tütenkleben im Untersuchungsgefängnis. Ich suchte nach Auswegen, die ich auch fand."

Franken (Jahrgang 1926) meldete sich also zur Nachrichten-HJ. Es war Krieg "und aus mit den lässigen Diensten. Statt dessen wurden wir über den Hof der Gallwitz-Kaserne gejagt. Dort fand einmal wöchentlich der Dienst statt, wo man uns Unteroffizieren zur vormilitärischen Ausbildung überwies. Deren Anliegen war es, uns vergammelte Zivilisten erst einmal in vernünftige Menschen umzuerziehen. Als ich hörte, man sei im Begriff, eine Feldscher-HJ aufzubauen, bei der im nächsten halben Jahr noch kein Dienst stattfände, war das für mich das Stichwort."

Der Dienst in der Feldscher-HJ war für den Arztsohn natürlich auch nichts: "Zwei vertane Abende in der Woche." Und so meldet er sich, da er Geige spielen gelernt hatte, zum Bann-Orchester der HJ. "Doch mein Diensteifer ließ selbst unter diesen günstigen Umständen ("eine Uniform besaßen die wenigsten, dafür um so längere Haare") zu wünschen übrig. Ich schwänzte mehr und mehr, da ich unter Furunkeln zu leiden und anderweitige Verpflichtungen in der Pfarrjugend zu erfüllen hatte."

Da der Sohn aus großbürgerlichem Hause sich von der Schule schlecht drücken konnte, ist von seinen Lehrern auch viel Schlimmeres als von seinen HJ-Führern zu berichten. Als er den Direktor der Schule aufsucht, um sich einen Erntehelfer-Schein ausstellen zu lassen, schildert er ihn in seinen Erinnerungen: "Gedankenverloren stand er am Fenster seines Zimmers: er hatte eben die Nachricht erhalten, daß sein ältester Sohn in Rußland gefallen war. Da hat er nun seine Quittung für sein jahrelanges Nazi-Getue, dachte ich."

Tatsache ist, daß es in der Hitler-Jugend keine Unteroffiziere gab, die eine vormilitärische Ausbildung betreiben konnten. Die in der HJ betriebene Wehrertüchtigung ist in der einschlägigen Literatur dargestellt. Wer körperliche Ertüchtigung in der Jugendbewegung als Verbesserung seiner Kondition und nicht als "Schleifen" erlebt und wer Gemeinschaft von Jugend, die von Jugend geführt wurde, als frohstimmendes Erlebnis empfunden hat, schreibt heute darüber keine Bücher, weil sie der Zeitgeist nicht auf dem Buchmarkt dulden würde. So sind die Drückeberger-Biographien die einzigen Niederschriften und "Erfahrungen in der HJ", die der Nachwelt als repräsentativ überliefert werden. Was bleibt, ist, das Empfinden dafür zu stärken, was die Zeitgenossen von heute von den Kameraden von einst charakterlich unterscheidet.

Ein Schwadroneur ist dieser Franken obendrein.

Hans-Jochen Gamm

Beschuldigungen des Professors für Allgemeine Pädagogik an der Technischen Hochschule Darmstadt: In seinem Buch "Führung und Verführung/Pädagogik im Nationalsozialismus" (List Verlag, München) heißt es: "...die Frauenbildung im Dritten Reich noch stärker ihres geistigen Charakters entkleidet, als es ohnehin mit aller Erziehung und Bildung geschah. Das Mädchen sollte eindeutig auf die Mutterrolle zugerüstet werden, die zu verfehlen je nach Umständen als bedauerliches soziales Schicksal oder als Entartung betrachtet wurde."....

Tatsache ist, daß kaum ein Nachkriegspädagoge einen größeren Unsinn zu Papier gebracht hat als Professor Gamm, der die Frauenbildung und alle andere Erziehung und Bildung als "ihres geistigen Charakters entkleidet" bezeichnet, ohne dafür auch nur ein einziges Dokument vorzuweisen. Und wie bedauerlich, daß Adolf Hitler nicht unter den Studenten geweilt hat, die Gamms Lehre von der "Entkleidung des geistigen Charakters" der Frauenbildung lauschen durften, denn dann wäre ihm nicht unterlaufen, was im Buch "Die Frauen der Nazi" (Ueberreuther Verlag, Wien) zu lesen ist: "Henriette von Schirach war der einzige Mensch, der von Kindesbeinen an von Hitler indoktriniert wurde, die Schülerin des Führers. Die erste Begegnung blieb dem Mädchen in Erinnerung: Nach der Begrüßung fragte Hitler: was liest du denn? Da holte ich sofort meine Bücher herbei.... nur Ritter- und Heldengeschichten. Da sagte er: Von den Griechen weißt du überhaupt nichts?! Hitler kümmerte sich nicht nur um die geistige Erziehung des Mädchens (...er schenkte ihr zur Firmung einen Tennisschläger...) Nicht einmal ein bißchen abgerichtet hatte er sie!" - Die Reden Schirachs, die Theater- und Bücherwochen, die Vorträge des Kulturamtschefs Dr. Rainer Schlösser, das Erziehungsprogramm der Akademie

Kindheit und Jugend unter Hitler

Helmut Schmidt
und
Willi und Willfriede Berkhan
Ruth Loah
Ursula Philipp
Dietrich Strothmann
Hannelore Schmidt

Siedler Verlag

für Jugendführung, sowie der Inhalt des Führerorgans "Wille und Macht" u. a. beweisen den großen Wert, den die Hitler-Jugend auf Bildung und Erziehung der Jugendlichen zu musischen Menschen gelegt hat. Wäre dieser Pädagoge doch einmal auf den Gedanken gekommen, das Buch des Altbundeskanzlers Helmut Schmidt "Kindheit und Jugend unter Hitler" nachzulesen. Dort hätte er entdecken können, was die Kulturstellenleiterin eines BDM-Untergaues bekennt (S.147): "In all den Jahren von 1933 bis 1945 habe ich immer zu den Bevorzugten gehört und mich immer nur auf der Sonnenseite befunden. Von Anfang an hatte ich das Glück, meinen Interessen und Fähigkeiten entsprechend gefördert und eingesetzt zu werden, und konnte fast immer das tun, was mir Freude machte. Meine Tatkraft, meine Begeisterung und mein Idealismus wurden geweckt." Und im Nachwort seines Buches schreibt Helmut Schmidt gleichsam diesem Pädagogik-Professor ins Stammbuch: "Es steckt ein großes Maß arroganter Selbstgerechtigkeit hinter den leichthin geäußerten Verurteilungen der eigenen Eltern für das, was sie bis 1945 geglaubt, getan und gelassen haben."

Behauptung: *"Wir brauchen die sexuelle Stimulierung der Schüler, um die sozialistische Umstrukturierung der Gesellschaft durchzuführen, und den Autoritätsgehorsam einschließlich der Kindesliebe zu den Eltern gründlich zu beseitigen.*

Tatsache: Dieses Bekenntnis des Professors für Allgemeine Pädagogik an der Technischen Hochschule Darmstadt, Prof. Gamm, ist nachzulesen in einer Aufklärungsschrift des Bonner Familienministeriums im Jahr 1981. So wurde und so wird die deutsche Gesellschaft, so werden Nation und Staat mit Sicherheit zerstört!

Edgar Gielsdorf

Behauptung in seinem Buch "Vom Christkind eine Landsknechttrommel" (Lüttgau Verlag, Köln): "Schirach war das reine Gegenstück eines Katholiken, ein Atheist!" (Seite 58).

Tatsache ist, daß sich Gielsdorf der üblen Nachrede schuldig gemacht hat. Wer Schirach in solcher Weise verleumdet, hat seine Rede "Über uns ein Gott", wiedergegeben in seinem Buch "Revolution der Erziehung", nicht gelesen, ebensowenig Einsicht genommen in das Sonderheft der von ihm herausgegebenen Führerzeitschrift "Wille und Macht" vom 15.12.1939 mit dem Leitartikel "Deutsche mit Gott", und hat nicht das Kapitel "Gott wirkt im Leben" beachtet, das in dem von Schirach herausgegebenen Buch "Goethe an uns" nachzulesen ist. Unter Schirach wurde keine Beförderung eines HJ-Führers von einem vorherigen Kirchenaustritt abhängig gemacht. 1939 hielt er eine Rede, in der es hieß: "Die Jugendlichen haben bei uns nicht nur das Wunder einer klassenlosen Gesellschaft erlebt, sie haben auch in dieser Gemeinschaft gelernt, an große und heilige Begriffe, die lange Jahre hindurch durch den Dreck gezogen wurden, zu glauben aus tiefstem Herzen und aus seelischer Überzeugung. Hier bei uns gewann diese Jugend wieder ihren Glauben an einen gütigen und großen Gott ... ich habe in der Hitler-Jugend niemals einen Gottlosen geduldet." Die Verpflichtungsformel des 10jährigen beim Eintritt ins Jungvolk und später bei der Übernahme in die HJ an Hitlers Geburtstag endet mit dem Bekenntnis "So wahr mir Gott helfe!"

Weitere Tatsachen sind im Kapitel "Hitler-Jugend und Kirche" der Schrift "Ein Jugendführer in Deutschland" (G. Kaufmann, Selbstverlag Füssen, Auflage vergriffen, jedoch in einigen Bibliotheken vorhanden) nachzulesen. Auf Schirachs Christus-Gedicht in seinem Gedichtbändchen "Die Fahne der Verfolgten" wird außerdem aufmerksam gemacht.

Chriſtus

Wenn heute er vom Himmel niederſtiege,
der grosse Krieger, der die Wechsler ſchlug,
ſo brüllt ihr wieder euer „crucifige!"
und ſchlagt an's Kreuz ihn, das er ſelber trug.

Er aber lächelt leiſe eurem Haſſe:
„Die Wahrheit ſteht, wenn auch ihr Träger fällt;
der Glaube lebt, da ich das Leben laſſe . . .
Und ragt am Kreuz den Kämpfern aller Welt.

Deutung

Gott iſt die Nähe und was fern,
er iſt das Waſſer und die Winde.
Gott iſt die Erde und der Stern
und iſt das Lächeln in dem Kinde.

Gott iſt die Gaſſe und der Dom,
die Arbeit und die dunkle Ruh,
iſt Wittenberg und heilig Rom:
Er iſt der Gott und dennoch Du!

Gedichte von Baldur von Schirach aus: "Fahne der Verfolgten"

Hermann Graml

Behauptung des Mitherausgebers der "Enzyklopädie des Nationalsozialismus" in einem Kapitel "Führerkult" (Klett-Cotta Verlag) über Jungvolk und Hitler-Jugend: "Als seit dem Staatsjugend-Gesetz vom 1.12.1936 alle deutschen Jungen und Mädchen diese Organisationen passierten, entarteten sie zum Mammut-Betrieb ohne Geist. Die vormilitärische Ausbildung wuchs, je mehr man sich dem Krieg näherte und damit gewannen gegenüber dem alten Fahrtengeist wesensfremde Elemente die Oberhand."

Tatsache ist, daß das Gesetz von 1936 erst im Jahre 1939 zur Anwendung gelangte und auch dann nicht eine "Entartung zum Mammut-Betrieb" erfolgte. Der Geist war stets dabei, ob auf Heimabenden, im Liedgut, bei Buch- und Theater-Wochen und in HJ-Zeitschriften. In der Hitler-Jugend gab es keine "vormilitärische Ausbildung", sondern lediglich "Wehrertüchtigung", d.h. so wie bei den Boy-Scouts Kleinkaliberschießen und Geländesport. Versuche des Oberkommandos der Wehrmacht in Zusammenarbeit mit den HJ-Obergebietsführer Dr. Stellrecht HJ-Einheiten vormilitärisch auszubilden, scheiterten an Reichsjugendführer Schirach. Stellrecht wurde entlassen. (Vgl. dazu die Protokolle des Nürnberger "Internationalen Militärgerichtshofes", Band 13-14, Seite 511).

Ein handschriftlich überliefertes Ergebnisprotokoll einer Besprechung am 28.4.1937 beim Reichsfinanzminister Graf Schwerin v. Krosigk, der für eine vormilitärische Ausbildung Etatmittel hätte zur Verfügung stellen müssen, hält folgende Grundsätze fest:

"1. Vormilitärische Ertüchtigung im eigentlichen Sinn will der Führer nicht.

2. Unter keinen Umständen Soldatenspielerei.

3. Lediglich körperliche Ertüchtigung/Sport, kein Exerzieren, kein falsch verstandener Militarismus."

Der Reichsfinanzminister bewilligte keine Gelder! "Wesensfremde Elemente" gewannen also nicht "die Oberhand" und die HJ jedenfalls näherte sich nicht dem Kriege! In seinem Buch "Reichskristallnacht" , dtv Verlag 1988 , unterschlägt Graml die Tatsache, daß Baldur von Schirach die Pogrome vom 9./10. November 1938 als "Kulturschande" bezeichnet und durch Rundruf noch in der Nacht die Teilnahme der HJ an Ausschreitungen ausdrücklich verboten hatte. Man kann über die "Reichskristallnacht" nicht ein Buch schreiben, ohne diesen doch auffallenden Sachverhalt zu erwähnen.

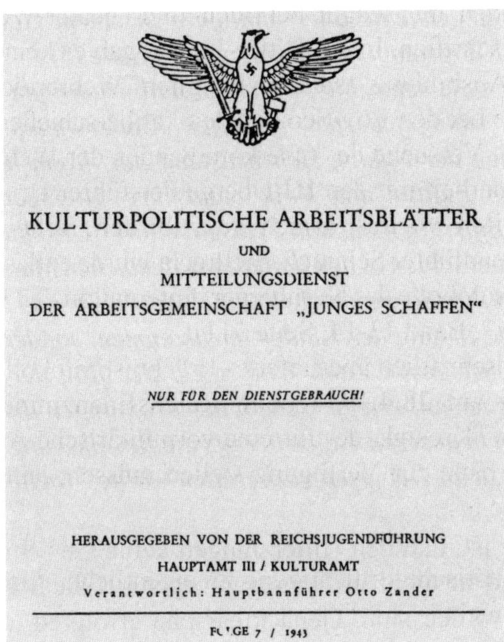
KULTURPOLITISCHE ARBEITSBLÄTTER

UND

MITTEILUNGSDIENST

DER ARBEITSGEMEINSCHAFT „JUNGES SCHAFFEN"

NUR FÜR DEN DIENSTGEBRAUCH!

HERAUSGEGEBEN VON DER REICHSJUGENDFÜHRUNG

HAUPTAMT III / KULTURAMT

Verantwortlich: Hauptbannführer Otto Zander

FOLGE 7 / 1943

Erzbischof Dr. Conrad Gröber

Behauptungen im Hirtenschreiben vom August 1945, betitelt "Die deutsche Jugend, ihr Irrweg und ihre Heimkehr". Darin heißt es u.a.:

"Gegen Ausbruch des Weltkrieges nahm die Militarisierung der deutschen Jugend vollständig kriegerische Formen an. Die Jungen über 14 Jahre erhielten zu dem eigenen Fahrtenmesser auch noch ein Gewehr gestellt und wurden zu Schießübungen, namentlich wieder am Sonntagmorgen, auf die Schießplätze befohlen, oder zu Gewaltmärschen über Berg und Tal genötigt, so daß sie oft spät abends, häufig völlig erschöpft und durchnäßt, nach Hause zurückkehrten. Um an die schwere Rückenbelastung der Soldaten zu erinnern, hatte jeder dieser oft schwächlichen und blutarmen Knaben in dem der HJ eigenen Tornister Ziegelsteine oder ähnliches in einem Gewicht von mehreren Kilogramm mitzuschleppen" (Seite 15).

"Ei, wie stolz schwebten doch die halbwüchsigen Mädchen mit ihrem wohlgefederten, gefüllten Kinderwagen über die Bürgersteige der Städte, sich brüstend mit ihrem lebendigen "Dienst an Führer und Volk" und ihre Altersgenossen zu ähnlicher Entsittlichung und Preisgabe ihrer Unschuld auffordernd! Dabei schien es den damaligen deutschen Machthabern, ganz gegen ihre Sorge um die Reinheit der Rasse und Blut, nicht auf die gute Artung der Kinder anzukommen, sondern nur auf die möglichst große Zahl. Und auch hier flog der Gedanke bereits wieder auf kriegerische Unternehmungen der Zukunft, für die man in unseren Tagen bereits die Bevölkerung durch die Überschüsse an Geburten vorbereiten wollte" (Seite 38).

Tatsache ist, daß den Hitler-Jungen keine Gewehre gestellt wurden und sie nicht am Sonntagmorgen auf die Schießplätze befohlen worden sind. Gepäckmärsche erfolgten unter Aufsicht von HJ-Ärzten, und schwächlichen Knaben wurden keine

B.v.Schirachs Aufzeichnungen in der Nürnberger Gefängniszelle für seinen Verteidiger Dr. Sauter. Entwurf, was dieser ihm im Zeugenstand an Fragen stellen sollte, und was er darauf antworten würde.

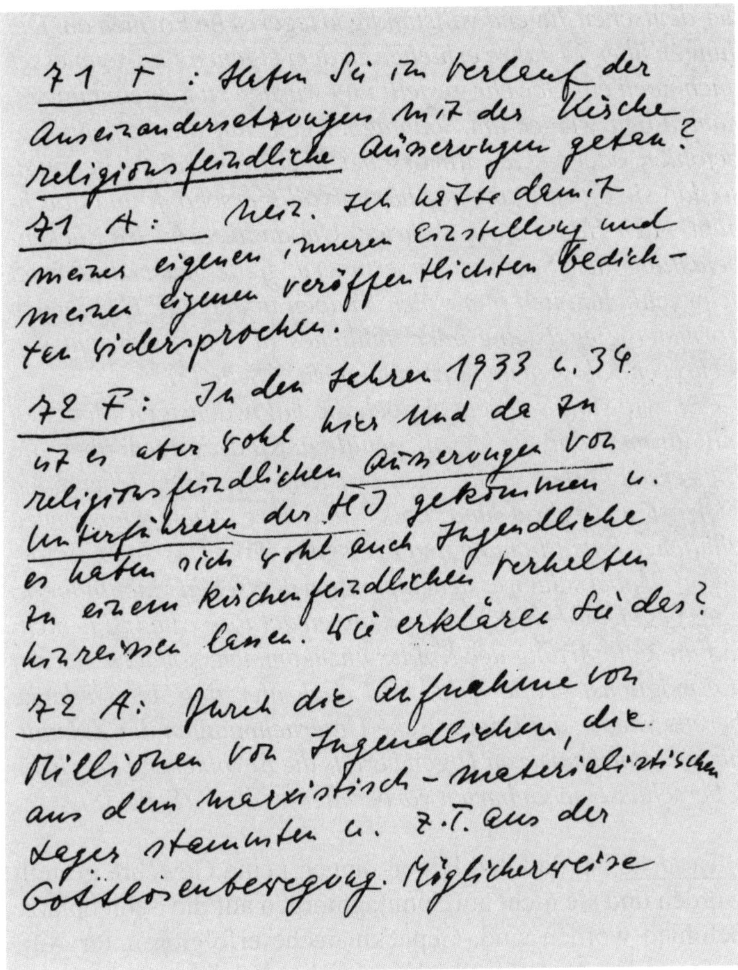
71 F: Haben Sie im Verlauf der
Auseinandersetzungen mit der Kirche
religionsfeindliche Äußerungen getan?
71 A: Nein. Ich hätte damit
meiner eigenen inneren Einstellung und
meinen eigenen veröffentlichten Gedich-
ten widersprochen.
72 F: In den Jahren 1933 u. 34
ist es aber wohl hier und da zu
religionsfeindlichen Äußerungen von
Unterführern der HJ gekommen u.
es haben sich wohl auch Jugendliche
zu einem kirchenfeindlichen Verhalten
hinreissen lassen. Wie erklären Sie das?
72 A: Durch die Aufnahme von
Millionen von Jugendlichen, die
aus dem marxistisch-materialistischen
Lager stammten u. z.T. aus der
Gottlosenbewegung. Möglicherweise

ist von diesen der Kampf gegen die konfessionellen Verbände vorübergehend als Kampf gegen die Religion interpretiert und missverstanden worden.

Im Zuge der Disziplinierung der Jugend und ihrer Erziehung zum Ideal verloren sich diese unerfreulichen Begleiterscheinungen der Revolution.

Ich glaube, man muss die Entwicklung der Jugend von der Kampfzeit durch die Revolution hindurch zu ihrer durch sie selbst geordneten, alle umfassenden Gemeinschaft betrachten, um sie gerecht beurteilen zu können. Dann wird man sehen, wie sie in ihrem Wesen und in ihrer Haltung vom Glauben an das Gute und an Gott durchdrungen war. Hierin liegt die tiefe Tragik der Generation, die im Deutschland Adolf Hitlers herangewach-

43. F: Ist es richtig, dass Sie selbst nicht aus der Kirche ausgetreten sind?

43. A: Ja. Trotz verschiedener Hinweise von Herrn Bormann, bin ich in der Kirche geblieben.

~~[illegible]~~

44. F: ~~[illegible]~~

Ist es richtig, wenn ich Ihre Auffassung hinsichtlich der Streitfragen, die zwischen Kirche und Staat auf dem Gebiet der Jugenderziehung entstanden

~~[illegible]~~.

waren, dahingehend zusammenfasse, daß ich sage: Sie wollten eine saubere, klare Trennung der kirchlichen ~~[illegible]~~ Erziehung und der HJ-Erziehung?

74 A: Ja, das ist richtig.

75 F: 1940 wurden Sie als Reichsjugendführer abberufen. Wie ist es hierzu gekommen? Wie wurde Ihnen diese Abberufung mitgeteilt?

75 A: Es war nach dem Frankreich-Feldzug, den ich als Infanterist in einem Regiment des Heeres miterlebt hatte, als mich in Lyon mein Kompaniechef davon unterrichtete, daß ein Telegramm oder Funkspruch beim Regiment. Sofort

ins Führerhauptquartier. 2 Tage später
traf ich dort ein. Führer stand mit Ribben-
trop im Freien. Als sie ihr Gespräch beendet
hatten, meldete ich mich. Hitler teilte
mir in etwa 10 Minuten folgendes mit:
ich solle die Führung der Jugend ab-
geben und den Reichsgau Wien übernehmen.
Welchen Vorschlag ich für meine Nachfolge
mache? Ich: Axmann, der als mein bevollmächtig-
ter Vertreter im Kriege selbständig die Jugend
geführt habe. Generalinspekteur. Reichsleiter
für die Jugenderziehung bleiben.
Wien. Kulturstätten. Arbeiter-
schaft. Ich: Unabhängigkeit von Goebbels'
Kulturpolitik Voraussetzung.
Wien müsse wieder eine deutsche Stadt werden.
Judenverschickung.
Ich fuhr nach Berlin, um mit Axmann
und meinen Mitarbeitern zu sprechen.

Ziegelsteine von mehreren Kilogramm in den eigenen Tornister gepackt. Wäre so etwas in irgendeiner Einheit vorgekommen, hätte das sofort disziplinarrechtliche Konsequenzen gehabt.

Hetze betreibt der Erzbischof, wenn er "halbwüchsigen Mädchen mit ihren wohlgefederten Kinderwagen" unterstellt, Altersgenossinnen "zu ähnlicher Entsittlichung und Preisgabe ihrer Unschuld aufgefordert" zu haben. Die Machthaber werden nicht bei Namen genannt, deren Gedanken "kriegerischen Unternehmungen der Zukunft" gegolten haben sollen.

Kommentar zum Hirtenschreiben: "Gröber sollte keiner die Vergangenheit entstellen!"

Alfred Grosser

Behauptungen *von Thomas Mann Tochter Erika in ihrem Buch "School for Barbarians - Education under the Nazis" (1938) verleiht der Publizist Alfred Grosser durch sein Nachwort für die deutsche Ausgabe ein Gütesiegel.*

Infam ist die darin verbreitete Lügengeschichte von einem Jungvolk-Knaben Gert-Felix, der zu einer Nachtübung befohlen war, zu der er und seine Kameraden alle Gewehre und Revolver mitbringen sollten. Bei dieser Übung macht der Jungvolkführer "Zielübungen im Dunkeln", bei denen er Gert-Felix durch einen Schuß in den Kopf tötet. Erika Mann: "Und was glauben Sie, was dem Herrn "Führer" passiert ist nach seiner Heldentat? Ich antwortete. "Versetzt ist er worden, zu einer anderen Gruppe versetzt, und sonst nichts. Und was glauben Sie, was man mit Gert-Felix Vater gemacht hat? Eingesperrt hat man ihn, weil er sich beklagt hat, eingesperrt in ein Konzentrationslager, oder wie die das nennen."

Tatsache: Hätte Alfred Grosser das Disziplinarrecht der HJ nachgelesen, hätte er gewußt, daß dieser erfundene Jungvolkführer bei Vorliegen eines solchen Tatbestandes aus der HJ ausgeschlossen und der ordentlichen Justiz zugeführt worden wäre. Den Unfug von der Einweisung des den Tod seines Sohnes beklagenden Vaters ins KZ hätte der gesunde Menschenverstand des Nachwort-Verfassers auch ohne Recherchen ausmachen können. Zur Nachtübung - sie war von der RJF verboten. Vormilitärische Ausbildung der Jugend an Waffen war vom Versailler Vertrag her verboten, und die HJ hielt sich an den vom Völkerbund genehmigten "Wehrsport"; Revolver und Gewehre waren daher in der HJ nicht zu finden, geschweige denn bei "allen".

Weitere Richtigstellung im Aufsatz "Greuelmärchen über die Hitler-Jugend" in Heft 3/1992 (Seite 13) der "Richtigstellungen zur Zeitgeschichte" (Grabert Verlag, Tübingen).

An die Mutter

Du bist die Starke, Stolze und Reine,
Du bist die Mutter, die nur einmal lebt.
Ich bin erfüllt von Deinem milden Scheine,
der um Dein Antlitz wie ein Lächeln schwebt.

Du bist die Liebe, die die Söhne kennen,
Du bist die eine, die um mich gebangt.
Oh, Deine Ängste sind nicht zu benennen,
und nicht das Wort, mit dem man Müttern dankt.

Du, meine Mutter, gehst wie eine Fromme
hoch über Wolken durch mein Leben hin
und schaust hernieder, und Du weißt: Ich komme
zu Dir in Stunden, wo ich einsam bin.

Gefreiter Günther Mönnich +

Der vierte Brief

Meine liebe Mutter, diesen letzten Brief
wirst du haben, wenn ich in der Erde,
die mich unaufhörlich zu sich rief,
mit den andern Kameraden liegen werde.

Meine liebe Mutter, diesen armen Sand
mußt du lieben, der mein Leben schlürfte.
Doch was gäb ich, wenn ich deine Hand
einmal noch, nur einmal streicheln dürfte.

Meine liebe Mutter, dieses eine Wort
sollst du gut verstehn und ohne Klagen:
Eine kleine Wolke wird mich fort
in das Land, für das ich sterbe, tragen.

Meine liebe Mutter, diese Wolke wirst
du am Himmel sehen ruhig treiben.
Fromm und silbern wird sie überm First
unsres kleinen Hauses stehenbleiben.

Eberhard Wolfgang Möller
(Aus: Die Briefe der Gefallenen)

Feldpostbrief von Günter Kaufmann (PK.):

Wir Feldgrauen und die Mutter des Volkes

Du und ich, wir sind oft Zeugen gewesen, wenn im Unterstand oder Graben von daheim erzählt wurde, wenn die Bildchen von ihr und den Kindern von Hand zu Hand gingen, wenn Fritze Baumann den Kopf hängen ließ, weil sein Frauchen krank daheim lag, wenn der blutjunge Peter Panknin aufjauchzte, als Brief und Päckchen von daheim eintrafen, von Mutters lieber Hand geschrieben und alles sorgsam verpackt. Du und ich, wir kennen die Kameraden, die jahrelang nur sehr oberflächlich mit ihren Müttern verkehrten und nun auf einmal mitten im Krieg liebevolle, zarte Briefe schreiben, als wollten sie aus dankbaren Herzen rechtzeitig vergelten, was Vater und Mutter an ihnen getan haben.

Wir haben den zahllosen Freunden und Kameraden die Hand geschüttelt, die in diesen Kriegswochen und -monaten ihr Annerl oder ihre Theres, mit der sie schon lange gingen, geheiratet haben. Wir lasen das Glück und die Freude in den Augen aller, denen der Ansager im Wunschkonzert oder ein Telegramm von daheim die Botschaft brachte, daß ihre kleine Frau Mutter und sie selbst stolzer Vater geworden waren.

Wir haben die Soldatenherzen schlagen und klopfen hören; in Sorge und Freude, in Leid und brennender Sehnsucht, in Dankbarkeit und Verehrung wenden sie sich überall den Lieben in der Heimat zu, inniger als vordem, glücklicher für jedes liebe Wort, anhänglicher und treuer als zu einer Zeit, da noch das eigene Ich selbstherrlicher und ungebundener, das höhere unabänderliche Gebot der Gemeinschaft nicht so fühlbar und unentbehrlich war wie heute im Krieg.

Anm: "Wir Feldgrauen und die Mutter des Volkes"
in "Wille und Macht", Heft 10/40

Behauptung von Erika Mann, die Alfred Grosser mit seinem Nachwort absegnet: "Gleichgültig, ob verheiratet oder nicht, Kinder soll das BDM-Mädchen haben. Die Forderung kehrt wieder in allen Äußerungen der Nazis über die Situation der deutschen Mädchen und Frauen. Mütter sollen sie werden - Mütter, Mütter, Mütter. Und wir wissen, daß der "Führer" dies persönlich von ihnen verlangt hat, und daß sein Wort Evangelium ist, allen, die da schreiben, lehren, aufrufen, herrschen und verurteilen im Nazi-Deutschland. Es ist auch gleichgültig, wie man es anstellt, Mutter zu werden und gar, ob man den Mann liebt, der einen dazu macht. Es mögen viele Männer sein, jedes Jahr ein anderer, wenn sie nur als rassisch vollwertig und gesundheitlich zufriedenstellend sind. Die "Liebe" hat ihr Recht verloren im Dritten Reich".

Tatsache: Die Wirklichkeit ist in den Reden Baldur von Schirachs ("Revolution der Erziehung") nachzulesen. Die Autorin des von Grosser vorgestellten Buches hat im Jahr 1938 natürlich nicht das Sonderheft des Führerorgans der Hitlerjugend "Wille und Macht" (Heft 2/43) zum Thema "Von Frauen, Liebe und Sitte" kennen können, auch nicht den Feldpostbrief "Wir Feldgrauen und die Mutter des Volkes" ("Wille und Macht" Heft 10/40), wo zu lesen steht: "Die Schranken der bürgerlichen Moral niederzureißen, will nicht heißen, der Zügellosigkeit um des Kindersegens willen Tür und Tor zu öffnen und die alten, bewährten Ordnungen der Familie, die schon Tacitus an unseren Vorfahren bewundert hat, umzustoßen." Dort steht auch die Aufforderung "im Kameradenkreis denjenigen zurechtstoßen, der die Maßnahmen zur Sicherung der Volkskraft und den Schutz der unverheirateten Mutter dazu ausnutzen möchte, sich einmal nach Lust und Trieb gründlich auszuleben." Die geringe Zahl von BDM-Mädchen, die ein uneheliches Kind erwarteten, mußte auch in den Kriegszeiten aus dem BDM ausscheiden. Die Reichsreferentin des BDM, Dr. Jutta Rüdiger, verlangte damals, "als Richtmaß des sittlichen

Handelns habe alles zu gelten, was der Erhaltung der Familie dient." Also genau das Gegenteil dessen, was Erika Mann unterstellt.

Weitere Informationen in "Offener Brief an Alfred Grosser", Heft 9/1990 der Askania Studiensammlung

Hans Grünberger

Behauptung: *In seinem Buch "Das zwölfjährige Reich" (Molden Verlag, Wien) zitiert Dr. Miller-Kipp in der "Pädagogischen Rundschau": "Überliefert ist, daß vom Reichsparteitag (rund 100.000 HJ-Mitglieder) 900 Mädchen aus dem Mädelbund schwanger zurückkehrten; die Vaterschaft konnte nur in knapp mehr als der Hälfte der Fälle geklärt werden:" In ihrem Buch "Frau sein im Dritten Reich" übernimmt Frau Prof. Rita Thalmann diese Behauptung, erhöht die Zahl allerdings auf 1.000 schwangere Mädchen.*

Tatsache ist, daß der Reichsreferentin des BDM nach dem Reichsparteitag ein einziger Fall eines schwangeren Mädchens gemeldet wurde und die Behauptung schon deshalb unglaubwürdig ist, weil die am Reichsparteitag teilnehmenden BDM-Mädchen in Bamberg untergebracht waren und zur Jugendkundgebung in Nürnberg mit dem Zug gebracht und geschlossen mit dem Zug nach Bamberg zurückgefahren wurden. Zur Stützung ihrer Behauptung beruft sich Frau Thalmann auf ein Rundschreiben der Reichsjugendführung vom 28. Oktober 1935, in dem eine Weisung an die Mädels zitiert wird: "Ihr könnt nicht alle einen Mann kriegen, aber ihr könnt alle Mütter werden." Trotz Aufforderung an Frau Thalmann, die Quelle anzugeben, wo das Rundschreiben einzusehen wäre, kommt keine Antwort! Im Bundesarchiv Koblenz sind Rundschreiben der RJF erst ab 1940 erfaßt.

Am 14.12.1946 gab Prof. Dr. med. Kohlrausch, Marburg, eine eidesstattliche Erklärung ab (abgedruckt in "Die Hitler-Jugend und ihr Selbstverständnis"/Anhang Dokumente, von Dr. Jutta Rüdiger), in der es heißt: "Auf einer jugendärztlichen Tagung im Sommer 1944 hörte ich einen Vortrag von Dr. Jutta Rüdiger. Darin nahm ihre Stellung zur sittlich-moralischen Erziehung der jungen Mädchen einen hervorragenden Platz ein. Sie wandte sich scharf gegen die Begünstigung außerehelicher sexueller Beziehungen und der "Kinder um jeden Preis". Aus diesen Gründen könne sie auch Führerinnen mit unehelichem Kind nicht dulden und würde sie unnachsichtig aus ihrer Stellung entfernen."

Vergl. dazu das Sonderheft von "Wille und Macht", Dezemberheft 1937: "Von Frauen, Liebe und Sitte", sowie Feldpostbrief "Wir Feldgrauen und die Mütter des Volkes" in "Wille und Macht" 15. Mai1940.

Matthias von Hellfeld

Behauptung in seiner Dissertation: "Daß die HJ im Gegensatz zu den Bünden eine von Erwachsenen geführte Massenorganisation war" und "daß die HJ-Erziehung im Sinn der Bildung zum selbstverantwortlichen politischen Handeln zutiefst unpolitisch war. Denn innerhalb der HJ wurden politische Erfahrungen und politische Wertbildungen verhindert."

Tatsache ist, daß die Führer der Hitler-Jugend bei Übernahme ihrer Aufgaben nicht älter als die Jugendführer der bündischen Jugend waren; so war Schirach 1930 23 Jahre, Lauterbacher 21 Jahre und Axmann 17 Jahre alt. Alle Unterlagen z.B. über die Lehrpläne der Akademie für Jugendführung in Braunschweig belegen, daß die Erziehung zu selbstverantwortlichem Handeln oberstes Gebot war. Gerade weil in der Jugendführung eigene "politische Erfahrungen" zum Ausdruck gelangten und "politische Wertbildungen" sich artikulieren konnten, verbot das Propaganda-Ministerium auf seinen Pressekonferenzen den Zeitungsredaktionen, nahezu jede zweite Nummer des HJ-Führerorgans "Wille und Macht" zu zitieren. Ein nachweisbarer Versuch des Reichsleiters Rosenberg, die Zeitschrift unter seine Vorzensur zu stellen, konnte nur durch die Drohung, das Organ gänzlich einzustellen, verhindert werden. Was die Behauptung von der "Massenorganisation" betrifft, so gelang nach 1934 in relativ kurzer Zeit die Durchorganisation der "Massen", es wurde in der Arbeit das Prinzip der "kleinen Gruppe" gewahrt, und, außer den frühzeitig aufgezogenen Spielscharen und sportlich-technischen Sonderformationen, ab 1937 nach Wunsch die Wahl sportliche Leistungsgruppen und für ältere Jahrgänge die Wahl von Arbeitsgemeinschaften (z. B. HJ-Werk "Architektur und Technik") und das BDM-Werk "Glaube und Schönheit" ermöglicht.

Bericht aus der Berliner Tageszeitung "GERMANIA" vom 16. Juni 1936

"Vom 26. Juli bis 16. August findet in Berlin-Grunewald ein Olympia-Zeltlager der Hitler-Jugend statt. Zu diesem Lager werden von der Reichsjugendführung 1000 verdiente Hitler-Jungen, die an der körperlichen Schulung ihrer Einheiten arbeiten, nach Berlin gerufen. Die HJ wird die ausländischen Jugenddelegationen und die Abordnungen aller Länder in dieses Olympialager einladen und den ausländischen Gästen ein Bild von der Breitenarbeit körperlicher Ertüchtigung zeigen. Das Lager vermittelt den ausländischen Jugendorganisationen zugleich eine Vorstellung vom gesamten Dienst der Hitler-Jugend."

Bericht aus der "THÜRINGISCHEN TAGESZEITUNG" 14.6.1941 in Weimar

"Ein schönes Zeugnis für die Fortentwicklung der musischen Erziehung der deutschen Jugend und für den hohen Stand, den das Jugendmusizieren heute bereits erreicht hat, war dann der im Rahmen der Reichskulturtagung im schönen, so geschichtsreichen Festsaale des Weimarer Schlosses veranstaltete Musiknachmittag "Junger Nachwuchs stellt sich vor". Vor den HJ-Führern und -Führerinnen, vor den Gästen aus der italienischen, japanischen, norwegischen, dänischen, finnischen, niederländischen, flämischen, slowakischen und spanischen Jugend, vor Vertretern des kulturellen Lebens zeigten hier junge, mit zwei Ausnahmen sämtlich unter 18 Jahren alte Solisten ein oft verblüffendes, musizier- technisches Können."

Die auf der Akademie für Jugendführung ausgebildeten künftigen HJ-Führer mußten einen halbjährigen Auslandsaufenthalt nachweisen. Politische Erfahrungen konnte die HJ auf ihren vielen Auslandsfahrten und beim Jugendaustausch sammeln. Daß innerhalb der HJ politische Erfahrungen und "politische Wertbildungen" verhindert worden seien, stellt einen von einer deutsche Universität mit einem Doktorhut prämierten Unsinn dar.

Nicolaus Heutger

Behauptung des doppelten Doktors, Professors, Theologen, Pastors und Kanonikus in den "Schaumburger Heimatblättern" (1995) in der Serie 2Jugen dunterm Hakenkreuz". Darin bezeichnet er die BDM-Mädchen als "Milchkühe". Mit dem Hinweis auf das Lied von Hans Baumann "Es zittern diemorschen Knochen der Welt vor dem großen Krieg" will der Autor die Welteroberungspläne Deutschlands und seiner Jugend dokumentieren.

Tatsache ist: daß das Lied von Baumann 1932 entstand, als dieser der katholischen Jugend angehörte, und daß es ein Jesuitenpater war, der das Lied damals publizierte. Was die "Milchkühe" betrifft, so wurden mit dieser Diktion 10 Millionen heute lebender Mütter und Großmütter beleidigt. Heutger, 1999 um Stellungnahme gebeten, bedauert, daß die Bezeichnung "Milchkühe" durch Druckereifehler nicht mit Anführungszeichen versehen worden sei, da es sich doch nur um einen Spott aus der NS-Zeit gehandelt habe, vergleichbar mit BDM = "Bubi drück mich!" Jedenfalls will Heutger nicht als Erfinder dieser Bezeichnung "Milchkühe" gelten, jedoch der Nachwelt hat er sie überliefert.

Behauptung Heutgers im "Echolot"-Artikel "Jugend unterm Hakenkreuz", 1993: "In der Hitler-Jugend wurden im Rahmen der vormilitärischen Ausbildung oft Geländespiele durchgeführt. Manchmal übernachteten wir dabei in fremden Scheunen, was dem Ganzen einen militärischen Touch gab."...

Tatsache ist, daß es in der Hitler-Jugend keine "vormilitärische Ausbildung" gab, sondern lediglich eine Wehrertüchtigung, zu der auch, wie bei den Boy Scouts, das richtige Bewegen im Gelände gehörte. Auch Wandervögel übernachteten gelegentlich in fremden Scheunen. Einem solchen Umstand kann nur Heutger und der Zeitgeist einen "militärischen Touch" anhängen.

Heinz Höhne

Behauptung in seinem Buch "Gebt mir vier Jahre Zeit (S.-342)": "Das machte die HJ zu einem penetranten Gegenspieler der traditionalistischen Kräfte in Elternschaft, Schule und Kirche, die ihr schlechterdings als reaktionär galten. Vor allem in der Schule trumpfte die HJ auf und verlangte Teilhabe an Elternräten, Unterrichtsplänen und Stundenverteilungen, wobei die ruppigen Pressionstechniken des alten NS-Schülerbundes wiederauflebten."

Tatsache hingegen ist: In seinem 1934 erschienenen Buch "Die Hitler-Jugend-Idee und Gestalt" schreibt der frühere Reichsjugendführer Baldur v. Schirach: "Drei Kräfte sind es vor allem, die im sinnvollen Zusammenwirken die richtige Entwicklung der Jugend bestimmen: Elternhaus, Schule und Hitler-Jugend. Die Familie ist die kleinste Einheit im Volksganzen, dabei aber die bedeutungsvollste. Es kann niemals die Aufgabe der Hitler-Jugend sein, das Leben der Familie und das Erziehungswerk der Eltern zu stören. Jede Jugendbewegung braucht die seelische Mitarbeit des Elternhauses."

In einer Rundfunkansprache am 01.12.1936 erklärt Schirach: "Die Hitler-Jugend ist keine Schule und will auch keine werden. Niemals darf der Dienst in der Jugendbewegung die Fortsetzung des Unterrichts mit anderen Mitteln werden. Das bedeutet keine Herabsetzung der Schule und der wissenschaftlichen Erziehung, die notwendig ist. Es soll nur eine klare Abgrenzung zwischen Unterricht und Jugendbewegung sein." Im Mai 1938 sagte Schirach vor Jugendführern: "Wir haben im Lehrer keinen Feind. Wer das behauptet, möchte zur Kenntnis nehmen, daß über zehntausend Lehrer freiwillig in begeisterter Zustimmung zu unserem Erziehungsprinzip in der Hitler-Jugend mitarbeiten." Und in der gleichen Runde: "Dieses Führungscorps soll nicht mit Worten oder Handlungen gegen die bestehende Einrichtung der Schule Opposition treiben." Und bereits in seiner Neujahrsansprache vom 01.01.1934 hieß es: "Schule und Hitler-Jugend sind keine Gegensätze. Beide zusammen ergeben die deutsche Nationalerziehung. Betrachtet sich die Hitler-Jugend als ein Instrument des Staates, so ist die Schule dies nicht minder."

In seiner Rundfunkansprache an die deutschen Eltern vom 01.12.1936 sagte er zum Thema Kirche u.a. auch: "Ich habe in der Hitler-Jugend niemals einen Gottlosen geduldet. Wer auf die HJ-Fahne schwört, band sich damit nicht nur an diese Fahne, sondern zugleich auch an eine höhere Macht. Und schon lange vor dem l. Dezember mußte die Jugend, die in unsere Gemeinschaft eintrat, ihr Gelöbnis der Treue mit dem Zusatz bekräftigen: so wahr mir Gott helfe!"

Jürgen Schultz schildert in seinem Buch "Die Akademie für Jugendführung der Hitler-Jugend in Braunschweig", daß im Hörsaal zwischen Decke und Fensterfronten Beschriftungen angebracht waren, die Baldur von Schirach persönlich ausgesucht hatte. Für die nördliche Fensterseite hatte er Goethes Worte ausgewählt:

"Gottes ist der Orient!
Gottes ist der Okzident!
Nord- und südliches Gelände
ruht im Frieden seiner Hände.
Er, der einzige Gerechte,
will für jedermann das Rechte.
Sei, von seinen hundert Namen,
dieser hochgelobet! Amen."

Hans Holzträger

Behauptungen *im Buch "Kampfeinsatz der Hitler-Jugend im Chaos der letzten Kriegsmonate" des Pfarrers Holzträger (Verlag Dinklage, 1995): "Nicht selten war die HJ in der Pogromnacht des 9. November 1938 dabei und zerstörte jüdisches Eigentum oder drosch auf Juden ein..." "... Hetzartikel im "Stürmer" dürften zu diesen Unrechtstaten wesentlich beigetragen haben..."*

"Bei Remagen und für die Wiedereroberung der so entscheidenden Rheinbrücke sind Adolf-Hitler-Schüler eingesetzt worden. Die Brücke konnte jedoch auch mit ihrer Hilfe nicht zurückerobert werden."

Tatsache ist: Wer über die Beteiligung von HJ-Einheiten an den Ausschreitungen der Pogromnacht des 9. November 1938 schreibt, dürfte nicht unterschlagen, zumal wenn er ein Geistlicher ist, daß noch in dieser Nacht Schirach durch Rundruf die Beteiligung von HJ-Einheiten verbot und die Ausschreitungen insgesamt vor seinem Führercorps als "Kulturschande" bezeichnet hat. Wenn tatsächlich hier oder da eine HJ-Gruppe beteiligt war, weil sie das Teilnahmeverbot nicht erreicht hatte, so hatten sicherlich nicht "Hetzartikel" im "Stürmer" dazu beigetragen, denn das Lesen dieser Zeitschrift war in der HJ verboten.

Bei Remagen und beim Versuch der Rückeroberung der Rheinbrücke sind keine Adolf-Hitler-Schüler eingesetzt worden. Holzträger verweist auf seine Quelle: Prof. Scholtz, der hier eine unrichtige Angabe macht.

Im übrigen wimmelt das Buch von Holzträger nur so von falsch geschriebenen Personen- und Ortsnamen. Des Schreibfehlerteufels ist der Herr Pastor jedenfalls nicht Herr geworden!

Heitz und Höffkes / "Spiegel TV"

Behauptung in drei Kassetten des Verlages Heitz & Höffkes "Die Geschichte der Hitler-Jugend", ausgestrahlt in der "Spiegel TV"-Sendung am 26.10.1996: "Kinder und Jugendliche wurden angehalten, jedes kritische Wort ihrer Eltern über das Regime zu melden. Die Jugend wurde zu Brutalität, Haß und Gewissenlosigkeit erzogen".

Tatsache ist, daß es keine Anordnung der Reichsjugendführung oder Rede Schirachs gibt, die Jugendliche auffordert, ihre Eltern zu denunzieren. Tatsache ist ebenfalls, daß es keine Unterlage gibt, die eine Erziehung zu Brutalität, Haß und Gewissenlosigkeit bestätigen würde. Was *"die"* Geschichte der Hitlerjugend betrifft, gelten folgende Feststellungen:

1. In den drei Kassetten wird die Fassung des Baumann-Liedes "Und heute *gehört* uns Deutschland und *morgen die ganze Welt*" zu Beginn und am Ende der Kassetten, also sechsmal, gesungen.
   Nicht berichtet wird natürlich, daß dieses Lied 1932 in der katholischen Jugendbewegung entstanden ist, daß der Reichsjugendführer von Schirach das Absingen des Originaltextes in den HJ-Einheiten ausdrücklich verboten hat und das Wort "gehört" durch das Wort "hört" ersetzen ließ. Doch mit der falschen Version des Liedes soll der Nachwelt eingehämmert werden, wie militaristisch und kriegslüstern die Jugend erzogen worden ist.

2. Lange Passagen werden Themen gewidmet, die *mit der Geschichte der Hitler-Jugend nichts zu tun* haben, so verbreitet sich der ehemalige Botschafter von Hase über die deutsch-nationale Jugendorganisation, außerdem wird ausführlich über die Napola-Erziehungsanstalten berichtet, die

Junge Gefolgschaft

Neue Lieder der Hitler-Jugend

Herausgegeben
von der Reichsjugendführung
Zusammengestellt und bearbeitet von
Wolfgang Stumme

Gesamtband

1 9 3 7

Georg Kallmeyer Verlag / Wolfenbüttel und Berlin

Es zittern die morschen Knochen

Worte und Weise
von Hans Baumann

2. Und liegt vom Kampfe in Trümmern die ganze Welt zuhauf. Das soll uns den Teufel kümmern, wir bauen sie wieder auf. Wir werden weiter...

3. Und mögen die Alten auch schelten, so laßt sie nur toben und schrein, und stemmen sich gegen uns Welten, wir werden doch Sieger sein. Wir werden weiter...

4. Sie wollen das Lied nicht begreifen, sie denken an Knechtschaft und Krieg – derweil unsre Äcker reifen. Du Fahne der Freiheit, flieg! Wir werden weiter marschieren, wenn alles in Scherben fällt; die Freiheit stand auf in Deutschland und morgen gehört ihr die Welt.

Aus Hans Baumann „Horch auf Kamerad". Mit Genehmigung des Ludwig Voggenreiter Verlages, Potsdam.

45

Wenn die bunten Fahnen wehen

Worte und Weise
von Alfred Zschiesche

2. Sonnenschein ist unsre Wonne, wie er lacht am lichten Tag! Doch es geht auch ohne Sonne, wenn sie mal nicht lachen mag. Blasen die Stürme, brausen die Wellen, singen wir mit dem Sturm unser Lied.

3. Wo die blauen Gipfel ragen, lockt so mancher steile Pfad. Immer vorwärts, ohne Zagen, bald sind wir dem Ziel genaht! Schneefelder blinken; schimmern von ferne her, Lande versinken im Wolkenmeer.

dem Reichserziehungsminister Rust unterstanden, nicht aber über die Adolf Hitler-Schulen, die zur Geschichte der HJ gehören. Über Arbeitsdienst und Landjahr wird berichtet und die Erschießungsszene eines 16jährigen Werwolfangehörigen, womit der Versuch unternommen wird, die Werwolf-Aktivitäten der HJ anzulasten.

3. Unterschlagen wird jedoch, was essentiell zu jeder Darstellung der HJ-Geschichte gehören müßte: die Verwirklichung des Prinzips "Jugend soll von Jugend geführt werden". Die Erziehung zur Übernahme von Verantwortung, zur Kameradschaft und zum Gemeinsinn (also die Erziehungsprinzipien, die es 11.500 hauptamtlichen Jugendführern ermöglichten, ebenso viele Millionen Jugendliche zu führen wie 450.000 hauptamtliche Lehrer für den Schulunterricht) gehören zum Verständnis der Erfolge der Hitler-Jugend und damit zu ihrer Geschichte.

4. *Ausgelöscht* wurde aus dieser "Geschichte der Hitler-Jugend" die Erziehung zum musischen Menschen. So finden Spielscharen, Singgruppen, Musikwettbewerbe, Theatergruppen, Dichterlesungen und z.B. die Weimar-Festspiele keine Erwähnung, auch von den Auslandsfahrten und dem Kontakt zur Jugend anderer Völker oder von den Hunderten Heimbauten und Jugendherbergen ist keine Rede. Von den vielen Liedern der nationalsozialistischen Jugendbewegung wird keines gesungen, von der Lagerfeuerromantik wird nichts überliefert. Daß die Jugendbewegung dem Einzelnen Geborgenheit schenkte, sie vor einem Abgleiten in die Kriminalität bewahrte - alles das leuchtet nicht auf. Dafür wird der Unsinn verkündet, ausgerechnet Schirach habe bei der Mädel-Erziehung dem Körper und der Rasse höhere Bedeutung zugemessen als dem Geist. Es entsteht der Eindruck, als sei diese Jugend nur gedrillt worden. Obwohl Baldur v. Schirach zu Rommel gesagt hatte: "Ich erziehe die Jugend

für den Frieden, nicht für den Krieg" und dieses Wort durch seine Arbeit vielfältig zu belegen gewesen wäre, sind der Fernsehbericht und die Kassetten darauf angelegt, das Drillen der Jugend für den Kriegseinsatz zu dokumentieren. Allein die Ausführungen von *Prof. Klönne* werden der HJ einigermaßen gerecht. Doch bleibt angesichts der vielen Kindergesichter unter dem Stahlhelm als beherrschender Eindruck bei den Zuschauern zurück, daß diese Jugend in der Endphase des Krieges *gewissenlos verheizt* worden ist. Daß es diese durch die nationalsozialistische Jugendbewegung geprägte Generation war, die in den Nachkriegsjahren *Deutschland wieder aufbaute*, gehörte gleichfalls in eine um Sachlichkeit bemühte Geschichte der HJ, und letztlich dürfte auch nicht unterschlagen werden, daß sich die Hitler-Jugend und ihre Führung Freiräume im autoritären Staat bewahren konnte, oftmals deutliche Kritik artikulierte und eigene Vorstellungen im Verlaufe des Krieges entwickelte.

5. Kassetten und Fernsehbericht erwecken den Eindruck und sollen dies offensichtlich auch, daß es nichts aus der Geschichte der Hitler-Jugend gibt, was als Erbe übernommen oder wenigstens noch bedacht werden könnte, wie etwa Volksgemeinschaft durch Überwindung von Klassengegensätzen oder wie Vaterlandsliebe und Opferbereitschaft. Kassetten und Film geben keine Antwort auf die Frage, warum denn im letzten Krieg die Front so viele Jahre halten konnte. Hätten dieses Zerrbild jene acht Staatsoberhäupter in Europa wie im nahen Osten vor Augen geführt bekommen, so hätten sie Baldur von Schirach bei dessen Besuchen im Jahr 1937 sicherlich nicht gebeten, ihnen beim Aufbau einer eigenen Staatsjugend behilflich zu sein. Und Lebrun, der ehemalige Staatspräsident Frankreichs, hätte einer Abordnung dieser Jugendbewegung dann sicherlich nicht zugerufen: "Ihr seid die glücklichste Jugend der Welt!"

Karl Heinz Jahnke

Behauptung: *In seinem Buch "Hitlers letztes Aufgebot", Klartext-Verlag, Essen 1993, schreibt Jahnke: "Als ein Ausdruck der tiefen innenpolitischen Krise ist der wachsende Verfall der bisher geltenden Normen anzusehen. Hier ordnen sich auch die zunehmende Verwahrlosung eines Teils der Jugend und der starke Anstieg der Kriminalität von Jugendlichen ein."*

Tatsache ist, daß wegen krimineller Straftaten im Jahr 1930, also zur Zeit der Weimarer Republik, 26.409 Jugendliche zwischen 14 und 18 Jahren laut amtlicher Statistik verurteilt wurden: Im Jahr 1939 waren es nur noch 17.444. Daß bei Abwesenheit von Vätern, Lehrern und Jugendführern im Kriegseinsatz und während der Bombardierung von Großstädten die Jugendkriminalität anstieg, ist nachvollziehbar, aber daß sie dabei doch unter der Jugendkriminalität unserer Nachkriegszeit bleibt, erhellt Rolle und Bedeutung der Erziehungsnormen in der Jugendbewegung. Was die Jugendkriminalität in der Bundesrepublik betrifft, so lag sie im Jahr 1997 mit 143.339 Fällen um 83 Prozent über der des Jahres 1992. Der bayerische Justizminister Sauter nannte am 1.12.98 die Lage in der Jugendkriminalität "dramatisch", was dann wohl auch als "Ausdruck der tiefen innenpolitischen Krise" bezeichnet werden kann.

Jugendkriminalität heute und gestern ...

Spiegel der Statistik / Spiegel der Gesellschaft – Vorbeugung nicht gefragt

von Günter Kaufmann

„Die wahre Vernichtungsgefahr für die Menschheit kommt nicht von den Interkontinental-Raketen, sondern durch den Verfall der moralischen Kräfte. Die Menschheit ist heute in Gefahr, von innen her zerstört zu werden."

Kardinal Josef Ratzinger

Im April 1989 meldete der Bonner Bundesinnenminister für das Jahr 1988 eine Kriminalität von 4.356.726 – gegenüber 1.678.840 Fällen im Jahre 1963. *Diese Explosion von Straftaten, wie wir sie in der Wohlstandsgesellschaft erleben,* vollzieht sich auch, allerdings aus anderen Ursachen, inmitten der sozialistischen Armutsgesellschaft der UdSSR, in der nach amtlichen Angaben 40 Millionen Menschen unterhalb des Existenzminimums vegetieren. Moskaus Innenminister Bakatin spricht von einer Verdoppelung der Jugendkriminalität in den ersten Monaten 1989 gegenüber den Vergleichsmonaten des Vorjahres, und verlangt „ein nationales Programm zum Kampf gegen das Verbrechen." Das ist gewiß kein Trost für die freie westliche Welt.

Die anwachsende Jugendkriminalität in der Bundesrepublik muß auch im Lichte der *Hinterlassenschaft Krieg* bewertet werden. Dazu gehören 1,5 Millionen Waisenkinder und mehr als 1 Million Jugendliche aus zerrütteten oder geschiedenen Ehen. Allein im Zeitraum vom 1.1.1949 bis zum 30.6.1954 kamen 78.849 junge Menschen ohne Anlehnung an einen Erwachsenen aus der Sowjetzone in den westdeutschen Notaufnahmelagern an. Der Bericht des Bundeskriminalamtes meldet 1953, daß 244 Jugendliche unter 18 Jahren durch eigene Hand aus dem Leben schieden. Der Bundesflüchtlingsminister Hans Lukaschek schätze lt. Bericht der „Süddeutsche Zeitung" vom 12. 2. 1950 *die Zahl der heimat- und arbeitslosen Jugendlichen* in Westdeutschland auf eine halbe Million. Da haben der Kriminalität *vorbeugende Maßnahmen,* wie der Aufbau der Pestalozzi-Kinderdörfer, des Tübinger Jugendsozialwerkes, des Kreises um Georg Ebersbach, die 80 verschiedenen Jugendwerke im Bundesgebiet, die Jugendarbeit der Kirchen oder etwa der LIONS-Bewegung auch nur punktuell Erfolge erzielen können, so *außerordentlich verdienstvoll* diese Aktivitäten auch zu bewerten sind! Aber *diese Erbschaft als Folge des Kriegsverlaufs hätte in den 60er oder 70er Jahre überwunden sein und damit auch die Kriminalitätsrate sich rückläufig entwickeln können. Das aber trat nicht ein.*

Uns liegt ein Bericht des Bundeskriminalamtes in der „Welt" vom 30. November 1957 vor, der die Überschrift trägt: *„Mehr Verbrechen in der Bundesrepublik als 1938."* Und dieser Bericht geht von den 1,6 Millionen bekanntgewordenen Straftaten des Jahres 1956 aus. Inzwischen haben sich solche Straftaten *verdreifacht!* Und wie sieht es heute beim Anteil der Jugendlichen zwischen 14 und 18 Jahren aus? Der Bericht vom April 1989 weist für diese Gruppe im Jahr 1988 120.968 Straftaten aus, gegenüber 157.360 im Jahre 1984, was aber „hauptsächlich demographisch bedingt" ist we-

Zahl der rechtskräftig verurteilten Personen von 1882–1940 und Zahl der rechtskräftig verurteilten Jugendlichen

Jahr	Verurteilte Personen insgesamt	davon männlich	davon weiblich	Von den Verurteilten waren jugendlich (14 bis unter 18 Jahren alt) insgesamt	davon männlich	davon weiblich	Jugendliche im Alter von 14 bis unter 16 Jahren insgesamt	männlich	weiblich	16 bis unter 18 Jahren insgesamt	männlich	weiblich
1926	589 611	500 267	89 344	24 066	20 634	3 432						
1927	608 356	516 366	91 990	24 119	20 564	3 555						
1928	585 862	502 405	83 457	27 104	23 177	3 927						
1929	595 169	513 309	81 860	25 675	22 013	3 662	7 788	6 620	1 168	17 887	15 393	2 494
1930	595 651	516 096	79 555	26 409	22 966	3 443	7 542	6 495	1 047	18 867	16 471	2 396
1931	565 676	493 145	72 531	22 844	20 062	2 782	5 675	4 909	766	17 169	15 153	2 016
1932	565 548	501 900	63 648	21 529	19 071	2 458	4 880	4 268	612	16 649	14 803	1 846
1933	491 142	432 523	58 619	15 959	14 010	1 949	4 379	3 762	617	11 580	10 248	1 332
1934	385 906	331 130	54 776	12 303	10 494	1 809	4 294	3 667	627	8 009	6 827	1 182
1935	431 426	369 683	61 743	17 038	14 582	2 456	7 610	6 533	1 077	9 428	8 049	1 379
1936	385 400	330 046	55 354	16 872	14 366	2 506	6 753	5 813	940	10 119	8 553	1 566
1937	438 493	370 458	68 035	24 562	20 759	3 803	8 330	7 177	1 153	16 232	13 582	2 650
1938	335 665	282 510	53 155	19 302	16 337	2 965	5 906	5 088	818	13 396	11 249	2 147
1939[1])	297 353	251 044	46 309	17 444	14 786	2 658	5 171	4 447	724	12 273	10 339	1 934
1. Viertelj. 1940[1])	52 285	42 546	9 739	3 399	2 822	577	1 017	.	.	2 382	.	.
2. Viertelj. 1940[1])	66 769	51 941	14 828	5 242	4 276	966	1 553	.	.	3 689	.	.
1. Halbj. 1940	119 054	94 487	24 567	8 641	7 098	1 543	2 570	.	.	6 071	.	.
1940[2])	238 108	188 974	49 134	17 282	14 196	3 086	5 140	.	.	12 142	.	.

[1]) Vorläufiges Ergebnis.
[2]) Zu Vergleichszwecken wurden die Zahlen für das erste Halbjahr 1940 verdoppelt.

K. H. Janssen

Behauptungen im Buch "Jugend im Dritten Reich", herausgegeben von H. Glaser, 1975, Frankfurt, im Kapitel "Eine Welt brach zusammen": "Zwölfjährige Hordenführer brüllten zehnjährige Pimpfe zusammen und jagten sie kreuz und quer über die Schulhöfe, Wiesen und Sturzäcker. Die kleinsten Aufsässigkeiten, die harmlosesten Mängel an der Uniform, die geringste Verspätung wurden sogleich mit Strafexerzieren geahndet... bei Liegestützen wurde uns die Nase in den Sand gedrückt ... die armen Kerle stöhnten, schwitzten, schnappten nach Luft - aber sie gehorchten. Ihr Eigenwille war gebrochen."

Tatsache ist, die zwölfjährigen Hordenführer, die sich derartige skandalöse Übergriffe erlaubt hätten, wären sofort aus dem Jungvolk ausgeschlossen worden, weil ihr Verhalten allen Dienstvorschriften widersprochen hätte. Strafexerzieren war verboten. Warum hat Janssen sich nicht beschwert, die wild gewordenen Hordenführer bei der Banndienststelle nicht angezeigt? Eigenwillen zu brechen, war nicht Ziel der nationalsozialistischen Jugenderziehung, was das Durchhaltevermögen an den Fronten in 5 Kriegsjahren beweist. Bei gebrochenem Eigenwillen wären alle schon am zweiten Tag der Belastung davongelaufen. Daß in einer 8 Millionen-Organisation, in der Jugend von Jugend geführt wurde, Fehlverhalten und Übergriffe vorgekommen sind, wird selbstverständlich nicht geleugnet. Solches Fehlverhalten wurde aber korrigiert und Übergriffe geahndet. Wenn ein zwölfjähriger Hordenführer die Nase eines Pimpfen in den Sand gedrückt hat, so wird man der Hitler-Jugend insgesamt diese Untat ebensowenig zur Last legen können, wie beispielsweise der deutschen Jugend in der Demokratie insgesamt das Verbrechen eines 17jährigen Mannheimers, der einen Polizisten erstach.

Michael Kater

<u>Behauptungen</u> *in seinem Aufsatz "Die deutsche Elternschaft im nationalsozialistischen Erziehungssystem" ("Vierteljahreshefte für Zeitgeschichte", Heft 4/1980):*

"Der von der HJ-Führung langfristig angestrebten Entfremdung der Jugendlichen von der Familie durch Überbeanspruchung im Dienst während und außerhalb der Schulzeit wurde durch eine Strategie der Unterwanderung des Elternhauses selbst noch Vorschub geleistet."

"Zwar waren in den KLV-Lagern, die sämtlich außerhalb der bombengefährdeten Städte lagen, auch die regulären Lehrer tätig, aber die Verdrängung des Elternhauses als herkömmliches Bildungsmoment war in diesem Rahmen für die HJ-Führung - sehr zum Leidwesen von Kriegsmüttern, die ihre Kinder vermißten - noch auf breitester Basis möglich. Der Krieg - das machen die Dokumente jenseits aller Zweifel klar - begünstigte die bereits seit 1933 vorhandene Tendenz der Hitler-Jugend zur Usurpation der althergebrachten Elternrolle im Bildungswesen der Nation."

Behauptung, daß durch die 1939 eingeführte Jugenddienstpflicht dem staatlichen Anspruch auf Pflichtkooperation "in scharfer Konfrontation gegen die Eltern demonstrativ Gewicht verliehen wurde."

"Was die Schule angeht, so hat man heute schlüssige Indizien für die Annahme, die HJ habe sie vollständig ausschalten wollen. Die Eltern wandten sich im Verband mit den Lehrern gegen die durch die Hitler-Jugend verursachte Überbeanspruchung der Kinder, die im Schoße der Familie der Gesundheit und in der Gemeinschaft der Schule den Leistungen abträglich war."

Behauptung, "daß nach der Umquartierung der Großstadtkinder in die KLV-Betriebe des flachen Landes bisweilen Unterschiede in der Unterbringung der Schüler gemacht wurden - die armen im Lager, die reichen in Privatpflegestellen."

Tatsache ist, daß die Behauptung, die HJ-Führung habe "langfristig eine Entfremdung der Jugendlichen vom Elternhaus angestrebt", eine dreiste Lüge ist, die durch alle Reden Baldur von Schirachs widerlegt wird und durch keine Anordnung der Reichsjugendführung belegt werden kann. Die Teilnahme an der KLV war freiwillig und ins Ermessen der Mütter gestellt, und die KLV diente einzig und allein dem Zweck, junge Menschen dem Bombenterror der feindlichen Luftflotten zu entziehen.

Es ist grober Unfug, der HJ-Führung zu unterstellen, sie habe die Schule vollständig ausschalten wollen. Schirach hat stets die Gleichberechtigung der drei Erziehungsmächte Elternhaus, Schule und Jugendbewegung betont. Wie sollte er auch anders angesichts der Tatsache, daß es vor Kriegsbeginn rund 575.000 hauptamtliche Lehrer und nur 11.500 hauptamtliche HJ-Führer gab! Was die Überbeanspruchung durch die HJ-Dienstpflicht angeht, so war leider keine Jugend in diesem Jahrhundert so gesund wie die Hitler-Jugend, nicht nur dank ihrer Leibesübungen, Wandern und Sommerlager, sondern weil jede größere Einheit durch HJ-Ärzte überwacht wurde, die Überbeanspruchungen unterbinden konnten und mußten. Daß in der KLV-Unterbringung auf dem Lande zwischen Kindern aus armen und reichen Familien unterschieden worden wäre, ist gleichfalls eine Mär, verbreitet von jemandem, der nicht dabei war und schlecht recherchiert hat, denn die Klassen bzw. Einheiten wurden geschlossen untergebracht und das Angebot von Pflegefamilien, einzelne Kinder aufzunehmen, unterlag nicht dem Kriterium, ob reicher oder armer Herkunft.

Gerhard Kock

Behauptungen des 1967 geborenen Doktoranden der Historischen Fakultät Köln decken sich im wesentlichen mit denen des Chefredakteurs Larass. Kocks Dissertation erschien unter dem Titel "Der Führer sorgt für unsere Kinder" im Schöningh Verlag Paderborn. Kock zitiert ein Flugblatt des Paderborner Erzbischofs gegen die Kinderlandverschickung, in dem es heißt: "Meine lieben katholischen Eltern, Gott hat Euch das Seelenheil Euerer Kinder anvertraut und Ihr werdet einst Rechenschaft ablegen müssen über das seelische Wohlergehen Euerer Kinder. Wenn Ihr stillschweigt zur SS-Verführung Eurer Kleinen, dann gilt auch für Euch das Wort Christi: "Wer einem von diesen Kleinen, die an mich glauben, Ärgernis gibt, für den wäre es besser, daß ihm ein Mühlstein um den Hals gehängt und er ins Meer geworfen würde".

Tatsache ist, daß dieser flammende Aufruf eine Fälschung des Britischen Geheimdienstes war, abgeworfen über dem Ruhrgebiet. Den Fälschern unterlief dabei das Mißgeschick, dem Paderborner Bischof den Vornamen seines Freiburger Amtsbruders zu verleihen, was sowohl der Historischen Fakultät in Köln wie dem Verleger Schöningh in Paderborn hätte auffallen müssen! Zweck des Flugblattes war es, daß die Eltern ihre Kinder in den vom Bombenterror heimgesuchten Städten zurückhielten, und damit die Zermürbung der Widerstandskraft der Zivilbevölkerung fortschreiten konnte. Daß auch den Soldaten an der Front dank der Kinderlandverschickung Sorgen und Ängste um ihre Kinder daheim genommen wurde, störte die britische Terrorstrategie. Darum das gefälschte Flugblatt.

Den Doktortitel hätte Kock mit Gewißheit nicht erworben, hätte er nicht wahrheitswidrig festgestellt, daß wegen Schirachs "selbstzerstörerischer Politik und seiner fortschreitenden politischen und moralischen Korruption die Kinderlandver-

Gerhard Kock
»Der Führer sorgt für unsere Kinder...«
Die Kinderlandverschickung
im
Zweiten
Weltkrieg
Schöningh

verschickung gescheitert" sei! Da kann man nur die Feststellung im "Rheinischen Merkur" vom 25.4.1997 unterstreichen, der im Bezug auf die Kinderlandverschickung schrieb: "Verdächtig macht sich schon, wer zugibt, damals eine glückliche Kindheit gehabt zu haben". In einer Magisterarbeit von Herbert Jüttner an der Universität Wien heißt es wahrheitsgemäß: "In den fünf Jahren erweiterte Kinderlandverschickung wurden rund drei Millionen Kindern und Jugendlichen Geborgenheit und Schutz vor Entwicklungsstörungen oder Verwahrlosung geboten. Sie hat dabei auch nach statistischer Hochrechnung etwa 1 Million junger Menschen das Leben gerettet". Aber Kock: "gescheitert".(!)

Hannsjoachim W. Koch

Behauptungen *des Hochschulprofessors in seiner im Verlag R.S.Schulz erschienenen "Geschichte der Hitler-Jugend": "Schirach ist ein typisches Beispiel für die fast völlige Farblosigkeit, durch die sich der größte Teil der Führerschaft der NSDAP auszeichnete. Man denkt unwillkürlich an Hannah Arendts treffenden Ausdruck von der "Banalität des Bösen", wenn Schirach auch eigentlich weniger böse als dumm war, jedoch wenn man Zeit und Umstände in Betracht zieht, kann ein dummer Mensch ebenso gefährlich wie böse sein."*

Tatsache ist, daß Schirach von allen Angeklagten vor dem Internationalen Militärtribunal den höchsten Intelligenzquotienten erhielt, daß der "dumme" Schirach zum Präsidenten der Deutschen Bibliophilen Gesellschaft gewählt wurde, die "Großdeutsche Buchwoche" 1938 in Wien mit einer Rede "Freude am Buch" eröffnete, daß er im Weimarer Nationaltheater eine Goethe-Rede hielt und eine Anthologie seiner für unsere Zeit bedeutungsvollen Gedanken herausbrachte.

Behauptung: *Daß vor der Aufnahme der Pimpfe in das Jungvolk jeder "eine Mutprobe" bestehen mußte, "die manchmal darin bestand, daß der Junge in voller Uniform und Stiefeln aus einem Fenster im ersten Stock eines Wohnhauses springen mußte. Nach dieser Prüfung durfte das neue Mitglied sein Fahrtenmesser - es hatte eine ähnliche Form wie die Bajonette der Wehrmacht - Schulterklappen und das Jungvolk-Abzeichen auf dem Braunhemd tragen."*

Tatsache ist, daß einem Zehnjährigen keine "Mutprobe" vor Aufnahme ins Jungvolk abverlangt wurde, auch nicht manchmal "in voller Uniform und Stiefeln" aus dem Fenster zu springen. Weder trug das Jungvolk "Stiefel", noch konnte ein noch nicht ins Jungvolk aufgenommener Jugendlicher bereits in Uniform solche Sprünge leisten. Daß ein kleines Fahrtenmesser Ähnlichkeit mit "Bajonetten der Wehrmacht" gehabt haben soll, ist schon deshalb Unsinn, weil Wehrmacht-Soldaten nicht mit Bajonetten ausgerüstet waren.

Behauptung: *"Rommel sagte Schirach klar ins Gesicht, daß, wenn er, Schirach, entschlossen sei, der Führer eines paramilitärischen Verbandes zu sein, so solle er selbst einmal Soldat werden. Das führte zum Ende von Rommels Karriere in der HJ und beendete vorläufig auch die enge offizielle Zusammenarbeit zwischen Wehrmacht und Hitler-Jugend."*

Tatsache ist, der Herausgeber dieser Dokumentation nahm an dem Gespräch Schirach/Rommel in Weimar selbst teil. Die Koch-Version ist reine Phantasie. Schirach ist es niemals in den Sinn gekommen, Führer eines paramilitärischen Verbandes zu werden. Vielmehr wollte Rommel in seiner Eigenschaft als Verbindungsoffizier der Wehrmacht zur Reichsjugendführung Unteroffiziere der Wehrmacht für vormilitärische Ausbildung der HJ-Einheiten abstellen. Mit diesem Ansinnen scheiterte er. Der Reichsjugendführer erklärte ihm wörtlich: "Ich erziehe die Jugend für den Frieden, nicht für den Krieg." Rommel wurde vom OKW abgelöst und Oberstleutnant Völkers zum Nachfolger bestimmt.

Behauptung: *"Das Gesetz über die Hitler-Jugend vom 1.12.36 bedeutete zwar für Schirach.....einen großen persönlichen Erfolg, aber sonst brachten die Jahre bis zum Ausbruch des 2.Weltkrieges für die Hitler-Jugend im großen und ganzen eher einen Abstieg."*

Tatsache ist, daß in den Jahren zwischen 1936 und 1939 z.B. das BDM-Werk "Glaube und Schönheit" ins Leben gerufen wurde, die Grundsteinlegung von neun Adolf-Hitler-Schulen erfolgte, im gleichen Jahr 1938 die Gründung der Akademie für Jugendführung in Braunschweig. Der "Bund Deutscher Mädel" mit seinen 4,5 Millionen Mitgliedern wird in der "Geschichte der Hitler-Jugend" völlig ausgespart, auch vom Landdienst keine Zeile. Wieso im großen und ganzen ein "Abstieg" stattgefunden haben soll, bleibt ohne Begründung und bloße Phantasie.

Mädel der Osteinsatzlager als tüchtige Helferinnen bei den Umsiedlern aus Bessarabien, Wolhynien und Galizien.

Behauptungen in seiner von der Goethe-Universität in Frankfurt a. M. mit magna cum laude ausgezeichneten Dissertation (erschienen als Buch "Mädchen in der Hitler-Jugend", Pahl-Rugenstein Verlag, Köln, 1980): "Das weibliche Geschlecht mit seinen fraulichen Eigenschaften soll in einer Welt, der faschistischen Welt des Dritten Reiches, die brutal durch geistigen und körperlichen Terror beherrscht wird, keinen Platz haben." "Ziel der nationalsozialistischen Erziehung war nicht die umfassende Bedürfnisentwicklung des Individuums, seine Bewußtwerdung, die Herausbildung einer möglichst vielseitigen Persönlichkeit zu gewährleisten, sondern die totale Manipulation des "Materials", hin zu Gläubigkeit und Kritikunfähigkeit."

"Was sollten die Frauen und Mädchen dem Nationalsozialismus geben: sich selbst, ihren Bauch und ihre Hände, ihren Bauch für die Erfüllung der Forderung "Kinder, Kinder", ihre Hände als billige Arbeitskräfte - insbesondere in der Kriegsproduktion. Allein ihren Kopf brauchte sie nicht hinzugeben, da der Frau nach nationalsozialistischer Auffassung kein eigenständiges Denken zukam."

"Der deutsche Faschismus hatte keine anderen Mittel zur Verfügung als Weckung und Pflege der Hörigkeit der Autorität, deren Grundvoraussetzung die asketische, sexualverneinende Erziehung ist."

"Die jungen Nationalsozialistinnen erschienen nackt unter ihrem Uniformmantel, um beim Führer Wacht zu halten." "Auf die Frauen, die bei Führerreden vor Wonne auf die Erde pißten, wurde an anderer Stelle hingewiesen."

"Die Mädel, die in den BDM eintreten, wissen, daß sie damit sich selbst und ihren ganzen Menschen hergeben. Das "Ich" muß ausgemerzt werden, damit man um so dienstbereiter in der Gemeinschaft stehen kann .... eine bis dahin nicht gegebene sozialpsychologische Nivellierung innerhalb der Jugend."

Das waren die BDM-Mädel in ihrer Wirklichkeit !

Tatsache ist, daß selbst absurdeste Behauptungen mit magna cum laude prämiert werden. Wie will man eine sexualverneinende Erziehung mit der Erfüllung der Forderung "Kinder, Kinder" vereinbaren?! Junge Nationalsozialistinnen haben nicht "beim Führer Wacht gehalten", auch nicht "nackt unter ihrem Uniformmantel". Welch ein Unsinn ! Das "Ich" konnte nicht "ausgemerzt" werden, weil zur Übernahme von Verantwortung in einer Millionenorganisation aufgefordert, Talente durch Begabtenförderung ausgesucht, sowie musische Erziehung gepflegt wurde, und damit gerade "die umfassende Bedürfnisentwicklung des Individuums"! Von "sozialpsychologischer Nivellierung" kann also überhaupt keine Rede sein ! Der HJ eine echte Auseinandersetzung mit sozialen Problemen abzustreiten, setzt den Absurditäten die Krone auf. Es sei nur an die Überwindung des Klassendenkens durch Gemeinschaftserziehung, die Durchsetzung von geregelter Jugendarbeitszeit und Urlaubsansprüchen, an eine neue Jugendgerichtsbarkeit, den Reichsberufswettkampf, die Ferienlager, den Bau von Heimen und Herbergen und die Durchführung der Kinderlandverschickung im Krieg erinnert.

Arno Klönne

Behauptungen: *In seiner 1955 erschienenen Schrift "Hitler-Jugend - die Jugend und ihre Organisation im Dritten Reich" heißt es: "Die Auswirkung der HJ-Erziehung ist weniger in der Schaffung einer breiteren Schicht von fanatisch-aktiven jungen Nationalsozialisten, als vielmehr in der Dressur der Jugendlichen zur Systemanpassung, zum Verzicht auf politische und gesellschaftliche Willensbildung und inhaltliche Spontanität, in der Verhinderung sowohl der eigentlich politischen Erfahrung, wie auch der gesellschaftlichen Utopienbildung zu suchen."*

Im "Journal für Geschichte" (Heft 3/1980) schreibt Prof. Dr. Klönne (Jahrgang 1931): "In der Tat gab es in der NS-Jugendorganisation kaum irgendwo eine gründliche, aktive Beschäftigung mit politischen Fragen."

In der Zeitschrift "Politische Studien" 1959 schreibt Prof. Dr. Klönne: "Als Jugendverband war die HJ ein recht starres Gebilde, das keinen Raum für neue Entwicklungen, für Spontanität und freiwillige Gruppenbildung ließ." ... "Da eigene Meinungsbildung, inhaltlicher Einfluß - selbst innerhalb des Rahmens der NS Weltanschauung nicht geduldet wurden..." ... "Die politische Auseinandersetzung mußte der Form der Mythenbildung weichen."

Tatsache hingegen ist, daß keine "Dressur der Jugendlichen zur Systemanpassung" stattgefunden hat, was das Führerorgan "Wille und Macht" beweist (z.B. das von Goebbels verbotene Film-Sonderheft und der Rausschmiß des Hauptschriftleiters aus der Schriftleiterliste) sowie der Leitartikel "Rufet die Geister" (April 1943) mit der Forderung: "Wir wollen keine Rasseideologen dulden..." Systemanpassung war es nicht, gegen den Willen des Reichsaußenministers v. Ribbentrop 1942 in Wien einen "Europäischen Jugendkongress" zu veranstalten. Ein "Verzicht auf politische und gesellschaftliche Willensbildung" war es nicht, in Wien eine Ausstellung "Junge Kunst" zu veranstalten, die Hitler verbieten ließ. Klönne muß blind gewesen sein, wenn er behauptet, daß es "in der NS Jugendorganisation kaum irgendwo eine gründliche, aktive Beschäftigung mit politischen Fragen gab", schrieben doch sowohl der französische wie der britische Premierminister im Führerorgan der HJ Artikel und betrieb die Reichsjugendführung einen intensiven Jugendaustausch, und erkannte sie doch als erste politische Kraft des Dritten Reichs im Krieg die Bedeutung der Wlassow-Bewegung, indem sie entgegen dem Verbot von Dr. Goebbels die Aufrufe dieses russischen Generals veröffentlichte. Die Liste von Unbotmäßgkeiten, welche "inhaltliche Spontanität" beweisen, ließe sich leicht noch fortsetzen und damit wenigstens die "Mythenbildung" in der Nachkriegszeit belegen.

Ein deutlich anderes Urteil fällt die Dozentin im Fachbereich Pädagogik an der Hochschule der Bundeswehr in Hamburg, Miller-Kipp. Sie schreibt in "Pädagogische Rundschau" (Verlag Richarz, St. Augustin) im Jahr 1994:

"Die Leistungsfähigkeit des geschilderten Aufbaus in psychologischer und soziologischer Hinsicht ist beachtlich: er gewährleistete direkte Lenkung und Kontrolle von oben und gewährte doch Freiheitsspielräume, verband militärische Disziplin mit quasi demokratischen Gemeinschaftselementen, erfaßte total und bewahrte Dynamik an der Basis. Jedes Mitglied war seinem Führer - wie dieser dem nächsthöheren - unbedingten Gehorsam schuldig, war ihm in der eigenen kleinen Einheit aber zugleich gemeinschaftlich-kameradschaftlich verbunden: die Einheitsführer waren in der Regel nur ein bis zwei Jahre älter als ihre Gefolgschaft. Dies 'glückliche' Verhältnis von Distanz und Kontakt und - bei den Führern - Eigenmacht und Unterordnung bot gute Voraussetzungen für die Entwicklung von 'Wir-Bewußtsein' und das unaufdringliche Gelingen von autoritärer Bindung und kollektiver Orientierung. Dazu förderte die Intimität der Einheit die Beteiligung des Einzelnen, erschwerte Abseitshaltung - persönliches Engagement wiederum förderte Bestätigung und Identifikation. Das dürfte zumal für die Führer/Führerinnen gelten; von ihnen gab es Hunderttausende. Massenhaft eingeräumte - relative - Führungsmacht garantierte sowohl die absolute Führung von oben wie deren Kaschierung. So ist durchaus glaubhaft und erklärlich, daß Führung nicht als Fremdbestimmung erlebt, schon gar nicht als 'Verführung' wahrgenommen wurde..."

"Die Mehrheit der Jugendlichen sah sich in der und durch die Hitler-Jugend verstanden, gefördert und repräsentiert; sie hatten mithin kaum Anlaß für jene Unzufriedenheit, die zu politischem Ungehorsam führen kann."

Schirach hatte die körperliche, geistige und sittliche Erziehung um die musische Bildung ergänzt, damit Jungen und Mädel sich zu gemeinschaftsgebundenen Persönlichkeiten entwickeln konnten. Darunter wurde verstanden, daß jedem einzelnen die Möglichkeit gegeben werden sollte, sich seinen Anlagen, Fähigkeiten und Interessen gemäß zu entwickeln.

Wenn Prof. Dr. Klönne behauptet, daß eigene Meinungsbildung "nicht geduldet wurde", so wird er von dem früheren Schulführer der Adolf-Hitler-Schule Sonthofen, Hermann Rumpf, widerlegt, der von der Teilnahme Dr. Leys, des Führers der Deutschen Arbeitsfront, an einer Abschlußprüfung von Abiturienten berichtet: "Dabei forderte Dr. Ley die jungen Männer auf, einmal von der Leber weg Fraktur zu reden. Darauf frug einer den Reichsleiter, ob er wisse, daß er im Volk als Trinker gelte. Ein anderer wollte wissen, ob es stimme, daß er seine, ihm treue Ehefrau verlassen und eine Jüngere geheiratet habe, und schließlich kam die Frage, ob er meine, daß Macht vor Recht gehe, und ob nicht umgekehrt verfahren werden müsse. Dr. Ley beantwortete alle Fragen offen und freimütig. Am Ende erklärte er, daß er die Absolventen zu offener Aussprache aufgefordert habe, daher verbitte er sich alle etwaigen Maßnahmen gegen diese AH-Schüler und deren Erzieher. Am nächsten Morgen fand ein Appell statt. Dr. Ley rief dabei aus, daß die Diskussion am Vorabend gezeigt habe, "daß ich nicht mehr die charakterliche Integrität besitze, um Euch Vorbild zu sein. Er trete darum von der Leitung der Adolf-Hitler-Schulen zurück und überlasse die Führung Baldur v. Schirach."

Werner Klose

Behauptungen *in seiner Schrift "Generation im Gleichschritt" (Stalling Verlag, 1964): "Im Gegensatz zum "Dichter" Schirach war Axmann nüchterner Pragmatiker und fleißiger, zuverlässiger Organisator"... "Das Propagandaschlagwort "Jugend muß von Jugend geführt werden" ergab sich nun aus dem Zwang des Krieges"... "Die Diktatur erzwang in ihrer Furcht vor der unaufhaltsamen Niederlage das Aufgebot von Kindern und Jugendlichen im Kampf mit der Waffe"... "Durch heroische Mätzchen trieb man ehrgeizige, arglose Jungen vorzeitig in die Kasernen, wo ihnen niemand den naiven Idealismus lohnte." In der Zeitschrift des Deutschen Philologen-Verbandes "Die höhere Schule" (1968) schreibt Klose: "Das Geländespiel der Wandervögel wurde vormilitärischer Geländedienst, die freie Fahrt erstarrte in militärischem Lagerdrill."*

Tatsache ist, daß Axmann nicht "im Gegensatz zum Dichter Schirach" ein fleißiger Organisator war, sondern beide als Organisatoren erfolgreich wirkten. Hitler übertrug die Durchführung der Kinderlandverschickung, eine der größten organisatorischen Leistungen des Zweiten Weltkrieges, seinem Reichsleiter für die Jugenderziehung, Baldur von Schirach, wodurch mehr als eine Million Kinder dem Bombenterror der Alliierten entzogen wurden. Ein "Propagandaschlagwort "Jugend *muß* von Jugend geführt werden" gab es nicht ! Wohl gab es einen Erziehungsgrundsatz "Jugend soll von Jugend geführt werden", was sich z.B. in der Leistung von 765.000 ehrenamtlichen Jugendführern und -führerinnen im Jahr 1939 niederschlug, also kein Propagandaschlagwort war! Schließlich gab es kein Aufgebot von "Kindern" zum Kampf mit der Waffe. Sie wurden auch nicht durch "heroische Mätzchen" in die Kasernen getrieben. Außerdem gab es in der HJ keinen "vormilitärischen" Geländedienst. der sich im wesentlichen nicht von dem der Bünde oder der britischen Boy-Scouts unterschied, und zudem war jeder "Lagerdrill" ausdrücklich verboten.

Guido Knopp

Geschichstverfälschung in "Arte" und "ZDF"

In der Arte-Sendung am 04. März 1998 und der ZDF-Sendung vom 21. April 98 wurde in der Sendereihe "Hitlers Helfer" ein Portrait des Reichsjugendführers Baldur von Schirach ausgestrahlt (Berater: Dr. Buddrus). Was darin behauptet wurde und was dazu erwidert wurde, ist der in Berchem/Belgien erscheinenden "Vierteljahreszeitschrift für freie Geschichtsforschung" zu entnehmen: Guido Knopp - Meister der Gehirnwäsche.

Ein bezeichnendes, kleines Beispiel vorab: Knopp berichtet uns Fernsehzuschauern, daß sich Baldur von Schirach bei Kriegsende in Schwaz/Tirol aufgehalten habe, *"bis ihn die Alliierten fassen"*. Da Knopp aus den ihm und seinem Mitarbeiter Hartl übergebenen Unterlagen weiß, wie es sich damals wirklich verhalten hat, macht er sich in der Sendung mit seiner Formulierung einer Lüge schuldig. Die Alliierten hatten Baldur von Schirach nicht "gefaßt", sondern er hat sich, als eine Rundfunkmeldung durchkam, daß alle HJ-Führer unter automatischen Arrest fielen, am 5.6.1945 beim Ortskommandanten in Schwaz freiwillig zu erkennen gegeben und sich als alleinverantwortlich für alle diese internierten Jugendführer erklärt. Er verlangte, diese freizulassen und erklärte, sich vor einem alliierten Gericht verantworten zu wollen. Damit war er der einzige von allen den in Nürnberg Angeklagten, der sich freiwillig einer Siegermacht stellte. Einen solchen Sachverhalt wiederzugeben und damit Schirach eine vorbildliche Haltung zuzubilligen, das gestattet der Zeitgeist offenbar nicht und greift darum zur Lüge.

Nicht anders ist die Knoppsche Behauptung zu werten, Schirachs-Jugenderziehung habe *"die Ausschaltung des Elternhau-*

ses zum Ziel gehabt". In seinen Büchern ("Hitlerjugend - Idee und Gestalt" und "Revolution der Erziehung") ist genau das Gegenteil nachzulesen. Stets wird die Einheit der Erziehung durch Elternhaus, Schule und Jugendbewegung von Schirach als unverzichtbar proklamiert. Aber es hört sich heutzutage natürlich gut an, einem Helfer Hitlers anzuhängen, er habe das Elternhaus ausschalten wollen. Hätte er so etwas wirklich versucht, hätte ihm die Jugend zweifellos die Gefolgschaft versagt, und die Front hätte nicht in so vielen Jahren durchgehalten. Auch die Behauptung ist unwahr und dümmlich, Schirach habe mit seiner Erziehung die Zerstörung des Individuums betrieben. Vielmehr trat er nachweislich ein für "die Selbständigkeit des Gewissens" und erzog Jungen und Mädel frühzeitig dazu, Verantwortung zu übernehmen. Wie anders hätte eine acht-Millionen-Organisation geführt werden sollen?! Nicht zerstörte "Individuen" bauten das Nachkriegsdeutschland einschließlich der Bundeswehr wieder auf, schufen das Wirtschaftswunder unter Mithilfe ehemaliger HJ-Führer in Hunderten von führenden Positionen, denn sie hatten in frühester Jugend gelernt, sich verantwortlich einzusetzen.

In seinem TV-Bericht vermittelt uns Knopp das Bild von Hitlers Jugendführer, der die ihm anvertraute Jugend nur zum Sterben für Führer und Vaterland erzogen habe, und wir erleben die Jugendorganisation lediglich bei Schießübungen, Geländespielen, Kundgebungen und Fahnenmärschen. Dabei wird verschwiegen, was ich selbst mitgehört habe und bei Diwald in der "Geschichte der Deutschen" nachzulesen ist, daß Schirach, als Oberstleutnant Rommel, der Verbindungsoffizier der Wehrmacht zur Reichsjugendführung, versuchte, Unteroffiziere zur vormilitärischen Ausbildung der Hitler-Jugend bereitzustellen, zur Antwort gab: "Ich erziehe die Jugend für den Frieden, nicht für den Krieg!" Verdrängt und vertuscht werden die vielen anderen Aktivitäten der Hitler-Jugend, und dadurch wird Schirachs Persönlichkeitsbild verzerrt. Mit keinem Wort wird der jährliche Reichsberufswettkampf erwähnt, nichts über die

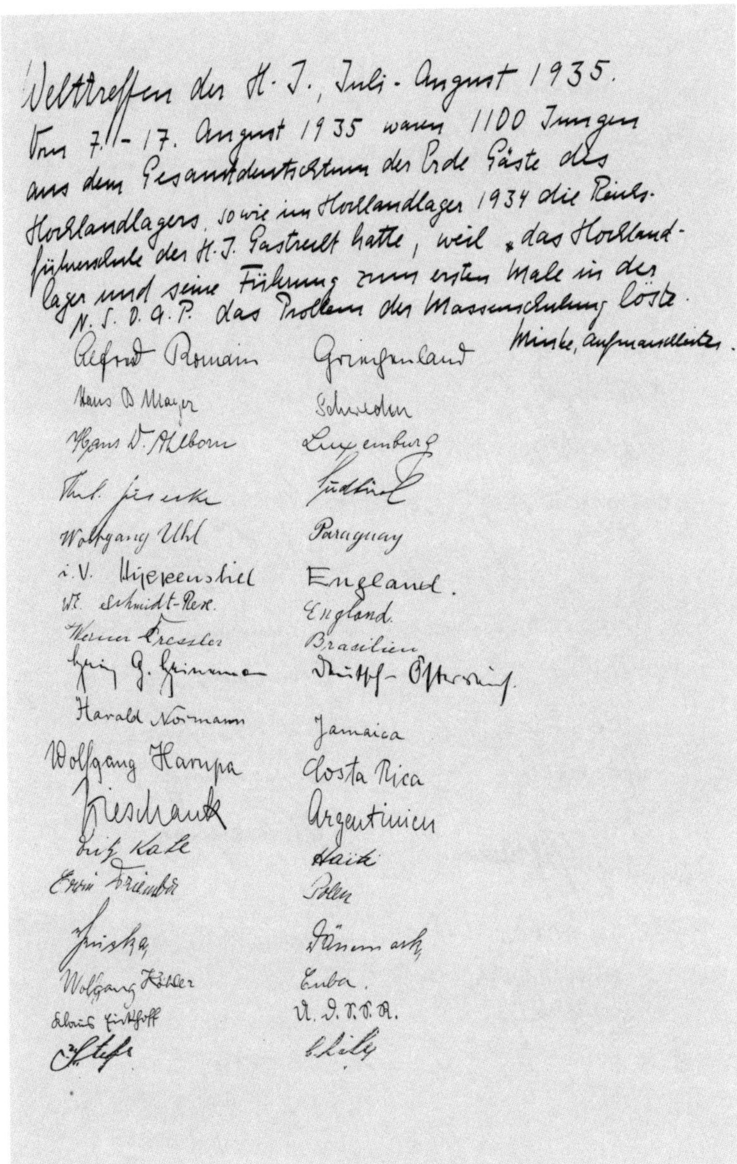
Welttreffen der H.J., Juli-August 1935.

Vom 7.–17. August 1935 waren 1100 Jungen aus dem Gesamtdeutschtum der Erde Gäste des Hochlandlagers, sowie im Hochlandlager 1934 die Reichsführerschule der H.J. Gastrecht hatte, weil * das Hochlandlager und seine Führung zum ersten Male in der N.S.D.A.P. das Problem der Massenschulung löste.

Minke, Aufmarschleiter.

Alfred Romain	Grönland
Hans D. Mayer	Schweden
Hans D. Alborn	Luxemburg
[illegible] Jeschke	Südtirol
Wolfgang Uhl	Paraguay
i.V. [illegible]	England.
W.E. Schmidt-Rex.	England.
Werner Dressler	Brasilien
[illegible]	Deutsch-Österreich.
Harald Normann	Jamaica
Wolfgang Harnpa	Costa Rica
[illegible]	Argentinien
[illegible] Kate	Haiti
Erwin [illegible]	Polen
[illegible]	Dänemark
Wolfgang Köhler	Cuba.
[illegible] Kirchhoff	U.S.A.
[illegible]	Chile

Aus dem Gästebuch des Hochlandlagers

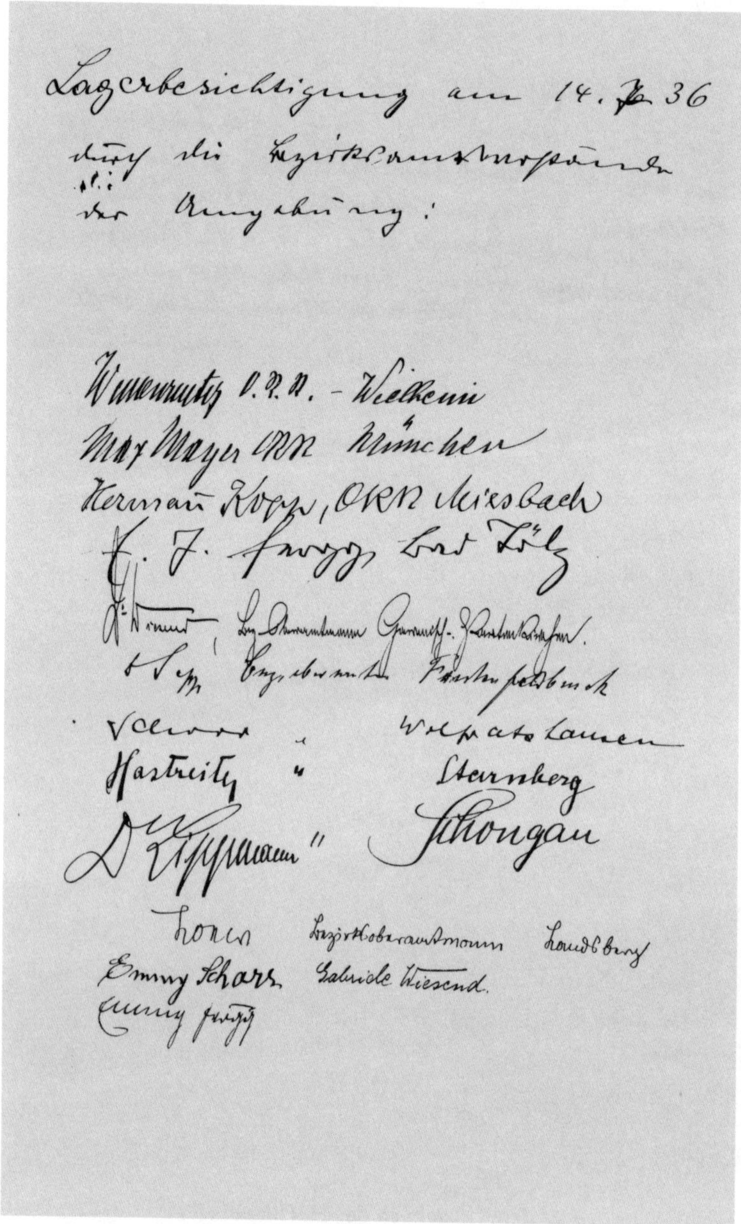

Lagerbesichtigung am 14. [illegible] 36
durch die Bezirksamtsvorstände
der Umgebung:

[illegible] O.R.R. - Weilheim
Max Mayer ORR München
Hermann Kopp, ORR Miesbach
[illegible] Bad Tölz
[illegible] Bezirksamtmann Garmisch-Partenkirchen
[illegible] Bezirksamtm. Fürstenfeldbruck
[illegible] " Wolfratshausen
Hastreiter " Starnberg
Dr. [illegible] " Schongau
[illegible] Bezirksoberamtmann Landsberg
Emmy [illegible] Gabriele Wiesend.
Emmy [illegible]

vielseitige Kulturarbeit, nichts von Theaterwochen, von Spielscharen usw. berichtet. Daß diese Jugenderziehung zur Überwindung von Standesdünkel und Klassengegensätzen führte und einen vorbildlichen Jugendgesundheitsdienst einrichtete, für die Jugend gesetzliche Urlaubsansprüche durchsetzte, Hunderte vorbildlicher Heime und Herbergen baute, die Jugendkriminalitätsrate in den 13 Jahren Jugendführung unter Schirach die niedrigste des ganzen Jahrhunderts gewesen ist, und daß diese Jugendführung einen dem Frieden dienenden, internationalen Jugendaustausch pflegte - davon kein Wort, weil das alles nicht ins vorprogrammierte negative Bild paßt!

Wenn Knopp verzeichnet, daß Schirach die Reichspogromnacht als Kulturschande bezeichnet hat, so wäre es doch wohl korrekt gewesen, auch zu erwähnen, daß er in der gleichen Nacht durch Rundruf die Beteiligung von HJ-Einheiten an diesen Ausschreitungen verbot. Auch hätte er den Protokollen des IMT in Nürnberg (Band 13 - 14, S. 464 u. 628) entnehmen dürfen, daß Schirach die Herausgabe einer antisemitischen Sondernummer seiner Zeitschrift "Wille und Macht" verweigerte, wie das Dr. Goebbels von seinem Chefredakteur verlangte. Wenn der Zuschauer schon von dem Zusammenstoß des Ehepaars Schirach mit Hitler auf dem Berghof wegen der unmenschlichen Behandlung holländischer Juden erfährt, so fehlt dann doch eine Erklärung dafür, warum Schirach eine abfällige Äußerung zur Abschiebung der Juden aus Wien tat. Warum verdrängt Knopp in einem Schirach-Porträt den im Nürnberger Prozeß zur Sprache gekommenen Versuch Himmlers, den Wiener Reichsstatthalter vor einem Volksgerichtshof anzuklagen!? Und hätte es bei einem sauberen Persönlichkeitsbild nicht nahegelegen, über Hitlers magische Kraft, andere in seinen Bann zu ziehen, und über die Dauer solcher Faszination zu berichten?

Charakteristisch für Knopps Kunst, Gehirnwäsche zu betreiben, ist die zunächst lobende Erwähnung von Schirachs Bemühen, Wien einer neuen kulturellen Blüte zuzuführen - aber jede

Reichsjugendführer und Jugendführer des Deutschen Reiches,
Baldur von Schirach, 1940

Andeutung zu unterlassen, daß diese Bemühungen ihn in Konflikt mit Hitler und Dr.Goebbels brachten, daß ihm der Führer seine Ausstellung "Junge Kunst in Wien" verbot und ihm vorwarf, eine kulturpolitische Opposition gegen ihn anzuführen. So etwas geschah z.B. mit den Ehrungen von Richard Strauß und Gerhart Hauptmann in Wien, oder durch Aufführungen der im Reich verbotenen Werke von Carl Orff, einer Hindemith-Oper oder Walter Regenys "Johanna Balk". Auf die 31 Eintragungen von Goebbels in seinen Tagebüchern, die sich gegen Schirach ("Kein richtiger Nationalsozialist") richten, habe ich Hartl ausdrücklich aufmerksam gemacht. Doch diese "Widersacher-Rolle" Schirachs paßt nicht ins Bild, ebensowenig wie z.B. sein Eintreten für General Wlassow und seine in "Wille und Macht" nachlesbare Kritik an der Kriegführung Hitlers im Osten. Wäre es nicht erforderlich gewesen, in einer Serie über Hitlers Helfer einen seiner Mitarbeiter zu erwähnen, in diesem Fall Baldur von Schirach, weil er den Mut hatte, seinem Führer ins Gesicht zu sagen: "Ich lasse mich auch von meinem Staatsoberhaupt nicht beleidigen!"

Geschichtsverfälschung durch Verschweigen von Tatsachen leistet sich Knopp, indem er mit keinem einzigen Wort an Schirachs Verantwortung für die Kinderlandverschickung erinnert. Wenn jemand Schirach eine TV-Stunde lang vorhält, die Jugend für den Krieg und fürs Sterben erzogen zu haben, dann muß er auch aussagen, daß Schirach mit der Organisation der KLV Hunderttausenden Jugendlichen das Leben gerettet hat, indem er sie dem alliierten Bombenterror entzog. Als ich - ein geborener Dresdner - im Gespräch mit Hartl für den Fall meiner Mitwirkung an der Sendung darauf bestand, im Zusammenhang mit der Kinderlandverschickung vom völkerrechtswidrigen alliierten Bombenterror zu sprechen, wurde ich belehrt, daß das nicht zulässig sei.

Jochen von Lang

Behauptung: In seinem Buch "Der Hitler-Junge Baldur von Schirach" schreibt der langjährige Ressortleiter für Zeitgeschichte der Illustrierten "Stern", Jochen von Lang, auf Seite 113, Hitler habe "die Weltherrschaft angestrebt, dazu brauchte er die Jugend, sie mußte zum Kämpfen und zum Sterben erzogen werden. Schirach schien dafür der richtige Mann."

Tatsache ist, daß Schirach 1934 anläßlich der Uraufführung der Langemarck-Kantate folgendes Gedicht des HJ-Führers Eberhard Wolfgang Möller vortragen ließ:

"Ich habe das Lachen vergessen
im ewigen Feuerguß.
Ihr könnt das nicht ermessen,
was ich ermessen muß.
Oh, unsere Mütter und Väter,
mein Herz ist schwer und voll
von Schwermut, wie ich später
es wieder lernen soll,
wenn wir nach Hause kommen,
ohne an Krücken zu gehen,
dann werden wir mit frommen
Augen auf Euch sehen
und werden wieder suchen,
wie man von Herzen lacht,
ohne dem Gott zu fluchen,
der über uns das gebracht!"

Behauptung auf Seite 192: "Die Versuche, Jugendliche mit dem deutschen Sozialismus zu beglücken, mußten sich auf Verbales beschränken."

Tatsache ist: Zwei Seiten zuvor stellt derselbe Autor, der sich als Historiker versteht, fest: "Schon 1933 hatte die HJ ein Gesetz zum Schutze der Jugend in sozialer und wirtschaftlicher Hinsicht gefordert, wobei sie sehr viel weiter ging als die Sozialdemokraten in der Weimarer Republik. Sie hat nie aufgehört, ihr Forderungen vorzutragen, bis am 30. April 1938 das Jugendschutzgesetz die Arbeitszeit für Jugendliche auf 40 anstatt - wie bisher - 48 Wochenstunden begrenzte, die Urlaubsansprüche erheblich ausdehnte, den Mißbrauch von Lehrlingen zu berufsfremden Arbeiten untersagte..."

Von Beschränkung des Sozialismus auf Verbales konnte also keine Rede sein. Beim Nachlesen in der Zeitschrift "Das junge Deutschland", dem Organ des Jugendführers des Deutschen Reiches, wäre dem Autor die bahnbrechende Sozialpolitik, wie sie im Jugendschutzgesetz von 1938 ihren Niederschlag gefunden hatte, im Vergleich zu den übrigen europäischen Industriestaaten aufgefallen. Das Jugendschutzgesetz ist noch heute vorbildlich und in Geltung. Quellenstudium aber hat von Lang offenbar nicht für notwendig gehalten.

Behauptung: Auf Seite 313 schreibt von Lang "Unbeantwortet muß die Frage bleiben, wie echt Schirachs Abkehr von Hitler gewesen sein kann, wenn er dessen Pläne noch durch eine europäische Jugendbewegung unterstützte."

Tatsache ist, die Frage stellt sich gar nicht, weil der Europäische Jugendkongreß die Vision eines freien Europas, bestehend aus gleichberechtigten Nationen, verkündete und sich ganz deutlich von jeder Form von Protektoratsherrschaft distanzierte. Als eine Unterstützung von Hitlers Kriegszielen hätte von Lang die Wiener Veranstaltung wohl auch nicht bezeichnen können, wenn er nachgelesen hätte, was damals in Schirachs Zeitschrift "Wille und Macht" so formuliert wurde: "Wir wollen keine Rasse-Ideologen dulden, die dahergehen und die Völker nach ihren rassischen Merkmalen klassifizieren".

Und: “Das kommende Europa wird ein ‘Strahlenbündel’ nationaler, aber auch völkischer Kräfte sein, wie es Baldur von Schirach in Wien gesagt hat, es wird Romanen, Germanen und Slawen als eine große Familie beherbergen, in der keiner sein Eigenes aufgeben, aber auch niemand das Gefühl haben soll, minderwertig zu sein.” Dieser dokumentarische Beweis für eine Abkehr von Hitlers Denken muß zur Kenntnis genommen werden - auch wenn er nicht ins Bild unseres Zeitgeistes paßt.

Tatsache ist auch, daß das Buch von Fehlern und Unwahrheiten nur so wimmelt. So hat z.B. Schirach die Erlaubnis, Soldat zu werden, nicht im November 1940 erhalten, denn da war der Frankreich-Feldzug, an dem er teilgenommen hatte, schon vorbei. Skorzeny befreite Mussolini nicht 1945 (S. 388) sondern bereits 1943. Da wird der Tod des Gauleiters Bürckel als “bestellter Selbstmord” bezeichnet (S. 369, 379), obwohl der Tod als Folge einer Lungenentzündung in der Heidelberger Universitätsklinik von Prof. Ewig bestätigt wurde.

Weitere Fehler sind aufgelistet in der Askania-Studiensammlung, Heft 2 (1988), im Artikel “Schirach und sein schludriger Biograph”.

Hartmut Lange

Behauptung in der "Welt" vom 20.06.1998: "Wir haben heute noch jene Fotos in Erinnerung, auf denen lachende HJ-Jungen gefangengenommenen Untermenschen vor einer Grube den Kopf abhacken."

Tatsache ist, daß weder dieser Lügen-Lange noch seine "Welt" auf einen Brief vom 25.07.1998 an sie geantwortet haben, in dem es heißt:

"Beantworten Sie mir bitte die Frage, was für Uniformen diese "HJ-Jungen" trugen, wann und in welcher Zeitung oder Zeitschrift Sie jene Fotos entdeckt haben, wer der Fotograf war, der diese Aufnahmen gemacht hat. Haben Sie diese Fotos dem IMT in Nürnberg eingereicht, der bekanntlich die Hitler-Jugend von der Anklage, eine verbrecherische Organisation zu sein, ausdrücklich freigestellt hat? Ist Ihnen beim Betrachten der Fotos nicht der Gedanke gekommen, daß es sich bei den Bildern um Fälschungen gehandelt haben könnte, wie wir sie mit den abgehackten Kinderhänden schon aus dem Ersten Weltkrieg kennen, oder Fälschungen, wie sie im Falle Katyn vorgenommen und von Moskau jetzt zugegeben wurden? Haben Sie nicht erfahren, daß die Reichsregierung nach dem Terrorangriff auf Dresden einen Dokumentarfilm drehen ließ, in dem Leichenberge gezeigt wurden, die dann von den Alliierten in dem KZ-Film "Todesmühlen" als Nazi-Opfer gezeigt wurden? Wie erklären Sie sich, daß die schrecklichen Fotos, an die Sie sich erinnern wollen, in keinem der Bücher, die sich mit der Hitler-Jugend befassen und nach 1945 erschienen sind, gefunden werden können? Wissen Sie nichts von der Londoner Dienststelle der Alliierten, die im Jahr 1942 Flugblätter mit einem gefälschten Brief des Erzbischofs von Paderborn über dem Rheinland abwerfen ließ, in denen der Erzbischof die Eltern gegen die Hitler-Jugend und ihre Kinderlandverschickung mobilisierte? Haben Sie irgendeine Rede oder Anordnung von HJ-Führern entdeckt, die zum Abhacken von Köpfen aufforderte, und wie erklären Sie sich, daß trotz solcher Ihnen in Erinnerung gebliebener Exzesse in den Jahren 1933 bis 1938 die statistischen Reichsbehörden die niedrigsten Jugendkriminalitätsraten des Jahrhunderts ausweisen, aber daß Jugendkriminalität heute angesichts des Angebots von Gewalttätigkeiten in den Fernsehprogrammen, die es damals nicht gab, explodiert?

In Ihrer Kolumne in der "Welt" schreiben Sie: "Auch noch im Untergang ließ sich diese Jugend dazu verführen auf die bis zum Skelett abgemagerten KZ-Häftlinge, die zur Evakuierung gezwungen wurden, einzuschlagen."

Wer hat "die Jugend" dazu verführt auf Menschen einzuschlagen? Übermitteln Sie mir bitte Beweise, bevor Sie eine ganze Generation in dieser Form beleidigen. Wo, erklären Sie mir, soll solches Einschlagen geschehen sein? Ist Ihnen nicht bekannt geworden, daß HJ-Einheiten aus den Wehrertüchtigungslagern an der Front eingesetzt wurden, um den Flüchtlingstrecks noch das Entkommen in den Westen zu ermöglichen?

Ferner heißt es in Ihrer Kolumne: "Wir werden weiter marschieren, bis alles in Scherben fällt, denn heute gehört uns Deutschland, und morgen die ganze Welt." Dies war mit der ganzen Emphase vorgetragen, wie Schillers "Ode an die Freude", das Affirmationsbegehren der Hitler-Jugend."

Warum machen Sie sich und damit die Zeitung "Die Welt" zum Verbreiter von Unwahrheiten? Denn allgemein bekannt und in der einschlägigen Literatur nachzulesen ist, daß das Lied von Hans Baumann in der Katholischen Jugend im Jahr 1932 entstand und der Reichsjugendführer von Schirach diese Fassung des Liedtextes in der Hitler-Jugend zu singen, ausdrücklich verboten hatte, und es statt dessen hieß: Heute hört uns Deutschland und morgen die ganze Welt. Das Affirmationsbegehren der Hitler-Jugend ist also eine unwahre Erfindung von Hartmut Lange."

Daß er im Sinne des Zeitgeistes lügen kann, wird ihm im Fragebogen der “Frankfurter Allgemeine” bescheinigt: “Wer wissen will, wie man eine gute Geschichte schreibt, sollte bei ihm in die Schule gehen. Da könne er lernen, wie man einen Dialog spinnt, Spannungen erzeugt und das Entscheidende zwischen den Zeilen sagt.” Man kann bei ihm allerdings auch das Lügen lernen.

Hermann Langer

Behauptung im Artikel "Zur faschistischen Manipulierung der deutschen Jugend während des 2. Weltkrieges" heißt es: "Die "geistige Kriegführung" der Faschisten richtete sich vor allem gegen die Arbeiterklasse und ihre Jugend sowie die anderen Teile der werktätigen Jugend."

Tatsache: Genau das Gegenteil ist wahr! Die Überwindung der Klassengegensätze, Gesundheitsdienste, verbessertes Jugendrecht mit Erhöhung der Urlaubstage, Begabtenförderung, Berufswettkampf, Kinderlandverschickung und vieles mehr kamen ausnahmslos allen Schichten der Bevölkerung zugute. Wenn geistige Kriegführung im Sinne von Langer betrieben worden wäre, hätte die Front im 2. Weltkrieg keine Woche gehalten. Mit dem Terminus "faschistisch" übernimmt Langer das bolschewistische Vokabular. Nationalsozialismus und Faschismus waren nicht dasselbe.

Richtig ist allerdings, wenn Langer festhält: "Einige Konzerne bauten ihren Anteil an der "geistigen Rüstungsindustrie" weiter aus. So nahm der Hamburger Unternehmer Philipp Reemtsma über den Zigaretten-Bilderdienst großen Einfluß auf die Herausgabe jugendwirksamer Bilderalben zu verschiedenen Themen mit ideologiebildender Wirkung. 1936 hatte der Zigaretten-Bilderdienst Hamburg-Bahrenfeld z.B. herausgegeben: "Bilder deutscher Geschichte", "Adolf Hitler, Bilder aus dem Leben des Führers", "Die Olympischen Spiele 1936". Vaters Werk entschwand dem Bewußtsein des Sohnes, der das Zigarettengeld in die Lügen und Unwahrheiten einer "Wehrmachtsausstellung" investierte. Alles Geld zu seiner Zeit!

Durch diesen gewaltigen Berufswettkampf wurden von der Jugend selbst alle Fragen des Berufsnachwuchses aufgerollt: Begabtenförderung, Facharbeitermangel, Gesundheitsführung, Arbeitsschutz, Arbeitseinsatz und Berufsauslese.

Claus Larass

Behauptungen: *Der 1944 geborene Claus Larass, Chefredakteur der BILD-Zeitung, schreibt in seinem Buch "Der Zug der Kinder/KLV-Evakuierung 5 Millionen deutscher Kinder", daß das "gigantischste Unternehmen" von langer Hand vorbereitet worden sei, um "vor allem die 10- bis 16-jährigen Oberschüler in den KLV-Lagern von ihren Eltern zu trennen und unter Aufsicht ausgesuchter HJ-Führer im Sinne des Nationalsozialismus umzuerziehen". Zweck sei es gewesen, "Kinder ihren Eltern zu entfremden und dem Einfluß der Kirchen zu entziehen".*

Tatsache ist, daß, als Schirach am 27.09.1940 den Auftrag Hitlers erhielt, die Jugendlichen aus den vom Bombenterror besonders bedrohten Großstädten aufs Land zu verschicken, keinerlei Pläne für eine solche Aktion vorlagen, allenfalls gab es einige Erfahrungen, die man im Frieden mit dem Landaufenthalt erholungsbedürftiger Schulkinder gesammelt hatte. Statt von "langer Hand" werden lange Lügen aufgetischt, die der KLV einen Zweck unterstellen, der nicht existierte. Bereits in seiner ersten Verordnung z.B. verfügte Schirach, daß den Jugendlichen in den Lagern der sonntägliche Kirchenbesuch zu ermöglichen sei. Daß 2,5 Millionen Mädchen und Jungen mit Willen ihrer Eltern dem völkerrechtswidrigen Bombenterror entzogen und dadurch ihr Leben gerettet wurde, findet keine Würdigung. Statt dessen wird die Absicht einer "Umerziehung" unterstellt, deren Erstgeburtsrecht wohl die US-Militärregierung für sich beanspruchen kann.

Tatsache ist ferner, daß der Chefredakteur Larass, wenn überhaupt, schludrig recherchiert hat, so, wenn er berichtet, daß ihm kein Fall von Übergriffen der Tschechen bekannt geworden sei, obschon zwei Lagermannschaftsführer ermordet wurden, oder wenn er das Lager Kronach in Oberfranken, in Österreich ansiedelt usw. usw.

Weitere Angaben dazu in der Zeitschrift "Deutsche Geschichte", Heft XXXI, Verlagsgesellschaft 82335 Berg am Starnberger See, Postfach.

Wolfgang Leydhecker

Behauptungen *in seinem Buch "Eine Jugend im Dritten Reich - nicht wie die anderen" (Verlag E. Roether, Darmstadt, 1992): "Außerdem ist der Deutsche innenpolitisch zur Maschine und zur feigsten Kanaille der Welt erzogen - ein Hund, der nicht einmal zu winseln wagt, wenn er geprügelt wird." (Eintrag Mai 1944).*

"In diesem Sommer fand der Frankreich-Feldzug statt, bei dessen Vorbereitungen mein Einberufungsbefehl gekommen war. Ich war albern genug, Stolz auf unsere militärischen Leistungen zu empfinden, albern, da ich mich von der Teilnahme erfolgreich gedrückt hatte und den Krieg haßte." (Seite 79). "Im Jungvolk-Unterricht... lernten wir... durch An- und Ausspucken zu grüßen." (Seite 25).

Tatsache ist, daß die "Erziehung zur feigsten Kanaille der Welt" bei Millionen junger Soldaten, die sich an der Front für ihr Vaterland opferten, nichts bewirkt hat.
Um in Budapest Medizin studieren zu können, wird er Mitglied des NS-Studentenbundes, läßt sich von der militärischen Abwehr anwerben und erledigt für sie kleine Agentendienste und tritt auch noch 1938 der NSDAP bei. Bei Kriegsende ist er Assistenzarzt in einem Frankfurter Krankenhaus. Schade, daß wir 9 Millionen Angehörige der Jugendbewegung des Dritten Reichs nicht gelernt hatten, durch An- und Ausspucken zu grüßen. Wir hätten dessen bedurft, wäre uns dieser Herr Leydhecker einmal über den Weg gelaufen.

Melita Maschmann

Behauptungen der ehemaligen Pressereferentin im BDM in ihrem Buch "Fazit" (Deutsche Verlagsanstalt, Stuttgart 1963): "Als ich im Herbst 1937 aus dem Arbeitsdienst entlassen worden war, wollte mich die Gestapo zu einer Agententätigkeit zwingen." Das klappte nicht. "Erst nach 1945 erfuhr ich von meiner höchsten Vorgesetzten in der Reichsjugendführung, daß damals erwogen wurde, mich wegen dieses Mißerfolgs aus der Reichjugendführung zu entfernen."

Tatsache ist, und wird dem Autor dieser Dokumentation schriftlich bestätigt: Daß die in Frage kommenden Vorgesetzten in der Reichsjugendführung, Trude Bürkner und Dr. Jutta Rüdiger, nichts von einer solchen Version vernommen haben und auch kein entsprechender Vorgang bei der HJ-Gerichtsbarkeit vorlag. Nachträgliche freie Erfindung!

Behauptung: "...daß die deutsche Jugend in einer Zeit, in der sie intensiver am Leben ihres Volkes mitgewirkt hat als jemals sonst, in eine Gestalt gepreßt war, in der der eigentliche Zauber jugendlicher Existenz weitgehend zerstört wurde." (S.143)

Tatsache ist, daß diese Jugend nie zuvor soviel Freiheit und so viele Möglichkeiten gehabt hat, sich frei zu entfalten. Alle Formen jugendlichen Erlebens sind aus ihr selbst entwickelt worden. Nie zuvor haben bei Sportfesten und anderen Veranstaltungen Jugendliche soviel Verantwortung getragen und haben dabei ihre Aufgaben meistern können. Bewiesen wird eine solche Feststellung durch das Urteil englischer Generäle, wonach der einfache deutsche Soldat mehr Eigeninitiative als die Soldaten im l. Weltkrieg gezeigt hat.

Reichs-Führer- und -Führerinnenlager der HJ.
Braunschweig 1939

HJ. singt und spielt

am Sonnabend, 20. Mai, und Montag, 22. Mai 1939,
20 Uhr, im Konzerthaus

Frisch auf! Singet all, ihr Musici! Lied von Chr. Demantius, 1567—1643
Im Märzen der Bauer . . . . Variationen von Walter Rein
Steig ma aufi aufs Bergle
Springt der Hirsch übern Bach . . . . Alpenländische Volkslieder
Darmstädter und Eberstädter Marsch . . . . um 1689
Alleweil ein wenig lustig . . . . Volkslied
Wir lieben sehr im Herzen . . . . Chorlied von Hans Leo Haßler
Spitzing-Musik . . . . von Cesar Bresgen
Auf, auf zum fröhlichen Jagen . . . . . . Jagdkantate von Cesar Bresgen
Firlefei-Variationen . . . . von Hermann Grabner
Deutsche Tänze . . . . von W. A. Mozart
Felsen stehen gegründet . . . . von J. Fr. Reichardt
Konzert für Geige und Orchester D-Dur . . . . von W. A. Mozart
So fröhlich wie der Morgenwind
Land unter diesen Sternen
Wenn die Stürme Leben wecken
} Chorische Liedfolge von Bräutigam

Das Schlußlied „Wenn die Stürme Leben wocken" wird gemeinsam gesungen

Ausführende: Rundfunkspielschar München. Obergaumusikschar Köln. Bannorchester

Behauptung: *"...haben wir uns als Volk in eine Selbstvergötzung hineingesteigert, deren Kehrseite Verachtung und Haß für die anderen "minderwertigen" Völker sein mußte. Wir sind damit in die Borniertheit eines Eingeborenenstammes abgesunken, der glaubt, seine Stammesgötter seien die mächtigsten der Welt."*

Tatsache ist, daß jeder feststellen kann, wer im Bemühen, dem Zeitgeist zu huldigen, in "die Borniertheit eines Eingeborenenstammes abgesunken" ist, der die Jahrgänge der Führerzeitschrift "Wille und Macht" mit den Beiträgen ausländischer Ministerpräsidenten liest, die Aktivitäten des "Jahres der Verständigung", die vielen Auslandsfahrten der HJ beobachtet und die Dokumentation des "Europäischen Jugend-Kongresses" studiert. In einem Leitartikel von "Wille und Macht" hätte Frau Maschmann im April 1943 lesen können, was ihre Behauptungen widerlegt: "Wir wollen keine Rassenideologen dulden, die dahergehen und die Völker nach ihren rassischen Merkmalen klassifizieren... Das kommende Europa wird ein "Strahlenbündel" nationaler aber auch völkischer Kräfte sein, wie es Baldur v. Schirach in Wien gesagt hat, es wird Romanen, Germanen und Slawen als eine große Familie beherbergen, in der keiner sein Eigenes aufgeben, aber auch niemand das Gefühl haben soll, minderwertig zusein."

Dr. Fritz Molden

Behauptung: *In seinen Memoiren "Fepolinski" heißt es auf Seite 400, er habe 1945 als damaliger Sicherheitschef des Landes Tirol, Baldur von Schirach auf einer Alm bei Schwaz aufgespürt und als sein "prächtigstes Beutestück" der amerikanischen Besatzungsmacht übergeben.*

Tatsache ist, daß sich Schirach, als die Meldung im Rundfunk durchkam, alle HJ-Führer unterlägen dem automatischen Arrest und würden interniert, sich freiwillig beim Ortskommandanten in Schwaz gemeldet hat, alle Verantwortung für die Jugenderziehung übernahm und die Freilassung seiner früheren Mitarbeiter forderte. Er wurde daraufhin nach Nürnberg zum Kriegsverbrecher-Tribunal überstellt. Die Molden-Lüge wird auch bestätigt durch die Stadtchronik von Schwaz, in der es unter dem Datum vom 22. Juni 1945 u.a. heißt:

"Baldur von SCHIRACH, Reichsjugendführer, ist noch wenige Tage vor dem Eintreffen einer amerikanischen Panzerspitze in Schwaz, welche in der Nacht zum 5.Mai 1945 gegen 3.00 Uhr erfolgte, bis nach Schwaz gekommen und hatte sich hier in einem Privatquartier am Pirchanger HNr.: 2 (nunmehr HNr.: 3) beim Drechslermeister Huber Franz unter dem Namen Richard FALK (Romanschreiber) eine Zeitlang aufgehalten und als Dolmetsch zwischen den Amerikanern und Schwazern unerkannt fungiert, um sich sodann beim amerikanischen Militärkommando im damaligen Hotel "Post" in der Innsbrucker Straße 11 zu melden."

Haus der Familie Huber in Schwaz/Tirol

Klaus Natorp

Behauptung: *Klaus Natorp schreibt in FAZ vom 14.10.97 in seiner Rezension der Dissertation von Kock über die Kinderlandverschickung: "Es ist das Verdienst von Gerhard Kock, die erste umfassende Untersuchung über dieses gigantische Unternehmen vorgelegt zu haben. Warum es nicht schon vorher geschehen ist, bleibt rätselhaft. Es ist um so bedauerlicher, als das Erinnerungsvermögen der unmittelbaren Zeitzeugen nach 50 Jahren natürlich nicht mehr so frisch ist."*

Tatsache: Wahr ist, daß bereits 1981 im Verlag Schillinger, Freiburg, von Gerhard Dabel die Dokumentation "KLV / Die erweiterte Kinderlandverschickung" (318 Seiten) erschienen ist. Wahr ist ferner, daß 1996 im Verlag Isensee von Martha Schlegel ein Erfahrungsbericht "Von der Nordseeküste in die Kinderlandverschickung" (526 Seiten) erschien, und daß Griesmayr/Würschinger in ihrem Buch "Idee und Gestalt der Hitler-Jugend" schon 1979 ausführlich über die KLV berichtet haben. Kock und sein Rezensent Natorp hätten übrigens im Seminar für Neuere Geschichte der Universität Wien eine Arbeit von Mag. Herbert Jüttner "Zur Struktur des NS-Staates: Die Hitler-Jugend" aus dem Jahr 1993 entdecken können, die bezüglich der KLV zu gänzlich anderen Schlußfolgerungen gelangt ist, als der hochgelobte und so alleingestellte Autor Kock.

Behauptung: *Natorp schreibt: "Auf umfangreiche persönliche Schilderungen Betroffener glaubte Kock nicht nur wegen des großen Zeitabstands vom jeweils eigenen Erlebnis verzichten zu können, sondern auch wegen der unterschiedlichen Erfahrungen, welche die "Verschickten" gemacht hatten. Sie lassen sich in der Tat nicht verallgemeinern."*

Gerhard Dabel im Auftrag der
Dokumentations-Arbeitsgemeinschaft KLV e.V.

KLV

Die erweiterte
KINDER-LAND-VERSCHICKUNG

KLV-LAGER 1940-1945

Dokumentation
über den »Größten Soziologischen Versuch
aller Zeiten« *(Zitat aus Großbritannien)*

VERLAG KARL SCHILLINGER · FREIBURG

Frau HANNELORE SCHMIDT zu dieser Dokumentation:

Im Herbst 1940, als die Bombenangriffe auf Hamburg sich verschärften, wurde ich als 21jährige Lehrerin mit 23 Mädchen zwischen 9 und 16 Jahren nach Oberfranken evakuiert. Das sagt sich heute so leicht hin. Damals war das für uns ein Abenteuer, eine Reise voller Hoffnungen und Probleme.

Wir waren eine kleine Gruppe im Rahmen eines großen Programms, der »Kinderlandverschickung« (KLV). Als wir in Kulmbach ankamen, stellte ich fest, daß unsere Gruppe hier am Ort gar nicht eingeplant war. Ich mußte die 23 Kinder zum Schlafen auf verschiedene Gasthöfe verteilen, wir alle schliefen in sogenannten Dreierbetten, und sie morgens zum Schulunterricht in einem Vereinshaus wieder einsammeln. Nach einiger Zeit wurde uns ein ehemaliger Ballsaal als Schlafsaal zugewiesen, wiederum mit Dreierbetten. Dann zogen wir auf ein Dorf in der Nähe um, in eine ehemalige Trinkerheilanstalt. Das war ein großer Fortschritt. Die Mädchen bekamen jetzt jeweils zu viert ein Zimmer, und ich bekam mein eigenes Zimmer. Nur einen Nachteil hatte der Umzug für uns: sechs Patienten der Trinkerheilanstalt waren noch im Haus verblieben.

Ich weiß nicht, ob die jungen Lehrer von heute – ob überhaupt jemand, der das nicht selbst miterlebt hat – sich vorstellen können, was es bedeutet, als 21jährige Lehrerin mit einer Gruppe ganz junger Mädchen zu leben, die etwas brauchen, was man heute wohl »Vollbetreuung« nennen würde. Ich sollte ihnen Mutter und Vater sein, nachts kamen sie manchmal vor Heimweh heulend zu mir ins Bett, sollte für Unterkunft, Essen und Trinken sorgen, außerdem ihnen natürlich Unterricht geben. Denn trotz Krieg und Bombenangriffen: Die Schule ging weiter. Auch damals wurden Noten und Zeugnisse geschrieben.

Fünf dieser 23 Mädchen habe ich während der Evakuierung sagen müssen, daß ihre Mütter, die in Hamburg geblieben waren, nicht mehr lebten.

Wenn ich heute auf diese Jahre zurückschaue, dann ist mir zweierlei klar: Das war die härteste Zeit meines Lebens, aber die Lebenserfahrung, die ich damals gesammelt habe, möchte ich nicht missen.

Heute gibt es noch viele Menschen, die sich an die »Kinderlandverschickung« erinnern: an eine fürsorgliche Aktion inmitten eines grauenvollen Krieges, an die Nöte und Sorgen der Kinder und der Lehrer, auch an die Probleme mit Führern und Führerinnen von der HJ und vom BDM, an die Marmeladenbrote ohne Butter und an das Heimweh in der Nacht – aber auch an den späteren Stolz, daß man so jung gelernt hatte, auf eigenen Füßen zu stehen und für andere mitzusorgen. Diese vielschichtigen Erinnerungen an einen Aspekt des Zweiten Weltkriegs sollen nicht verblassen. Sie sind ein Stück Zeitgeschichte. Sie sind ein Stück meschlicher Geschichte.

Eine sorgfältige und objektive Dokumentation der »Kinderlandverschickung« mag eine Hilfe bei der Antwort sein, wenn unsere Kinder und Enkel und wenn spätere Generationen fragen:

Wie ist das damals w i r k l i c h gewesen?

Tatsache: Verallgemeinern im Sinne des Zeitgeistes darf offensichtlich nur Autor Kock, statt vor Abgabe seines Urteils Kontakt mit der in Bochum ansässigen Dokumentations-Arbeitsgemeinschaft KLV aufzunehmen, der 81 Mitglieder angehören und die regelmäßig KLV-Briefe herausgibt. Dort hätte er sich überzeugen können, daß es vor Kriegsausbruch überhaupt keine Pläne über die Jugenderziehung im Kriege gegeben hat, und angebliche Pläne Schirachs, mittels der KLV die Kinder den Eltern zu entfremden, eine pure Unterstellung bedeutet. Wenn nicht bestritten werden kann, daß dank der Kinderlandverschickung nahezu 1 Million Jugendlicher vor dem völkerrechtswidrigen Bombenterror der Alliierten bewahrt werden konnten, so richtet sich der Autor Kock mit seinem Urteil, die Kinderlandverschickung sei "gescheitert", wohl selbst.

Hermann Rauschning

Behauptungen *des ehemaligen Senatspräsidenten von Danzig - 1932 der NSDAP beigetreten - in seinem 1939 erschienenen Buch "Gespräche mit Hitler", in dem folgende Äußerung Hitler in den Mund gelegt wird: "In meinen Ordensburgen wird eine Jugend heranwachsen, vor der sich die Welt erschrecken wird. Eine gewalttätige, herrische, unerschrockene, grausame Jugend will ich. Es darf nichts Schwaches und Zärtliches an ihr sein. Das freie, herrliche Raubtier muß erst wieder aus ihren Augen blitzen. Stark und schön will ich meine Jugend..."*

Tatsache ist, daß zwei Jahre zuvor, am 1.5.1937, Hitler in einer Rede gesagt hatte: "Wir wollen eine gesunde Jugend, eine stolze Jugend, eine männliche Jugend, und weibliche Mädchen. Wir möchten keine Duckmäuser, sondern wir wollen, daß unsere deutsche Jugend einmal ein offenes und gradliniges Geschlecht ergibt. Wir wollen auch, daß ihr eine fröhliche und freudige Jugend sein sollt."

Bereits 1983 schrieb der Historiker Eberhard Jäckel in seinem Buch "Hitlers Weltanschauung", daß man endlich darauf verzichten sollte, Rauschnings Bücher als primäre Quelle anzusehen und die in ihnen Hitler zugeschriebenen Aussagen so zu zitieren, als stammten sie von ihm. "Sie sind allesamt nachträgliche und zudem meist irrtümliche Rekonstruktionen aus der Erinnerung Rauschnings."

Und Robert Wistrich, Professor an der Hebrew-Universität in Jerusalem, schreibt 1987 in seinem "Biographischen Lexikon zum Dritten Reich" von "frei erfundenen, aber ganz authentisch wirkenden Gesprächen mit Hitler." Der Publizist Karl Heinz Janssen brachte es 1998 auf den Punkt: "Rauschning hat ganze Generationen historisch interessierter Zeitgenossen in die Irre geführt. Seine falschen Hitler-Zitate stehen bis heute in den Schulbüchern, schmücken Festreden und Leitartikel und waren noch jüngst in einer Morgenandacht zu hören."

Darüber hinaus ist festzustellen, daß auf den Ordensburgen keine "herrlichen Raubtiere" erzogen wurden.

Alfons Schertl

Behauptung: *Das Redaktionsmitglied der "AllgäuerZeitung" nennt Schirach den "braunen Rattenfänger der deutschen Jugend" und schreibt: "Ob sie nun mit Opferbüchsen bei den Sammlungen für das Winterhilfswerk unterwegs waren, ob sie Altpapier oder Stanniol sammelten, in der Erntehilfe Kartoffeln oder Rüben klaubten oder mit Ziegelsteinen im Tornister kilometerlange Geländemärsche absolvierten, die Jugend - so wollten es Hitler und seine Helfer - sollte ein Leben lang marschieren."*

Tatsache ist, daß junge Menschen, die für das Winterhilfswerk sammeln gingen, dabei nicht marschiert sind, auch beim Kartoffelsammeln marschiert keiner.

Behauptung, *"daß Baldur von Schirach, als Zivilist getarnt, im Berchtesgadener Land Unterschlupf vor den anrückenden Amerikanern suchte, bis sie ihn aufstöberten und festnahmen."*

Tatsache ist, daß sich Schirach freiwillig in Schwaz/Tirol den Amerikanern stellte, als die Meldung im Radio verbreitet wurde, die HJ-Führer würden interniert. Er forderte deren Freilassung und übernahm gleichzeitig die volle Verantwortung für alle Handlungen der HJ. Aufstöbern mußte man ihn nicht.

Rolf Schoerken

Behauptung: *In dem von Rolf Schoerken verfaßten Buch "Luftwaffenhelfer und Drittes Reich" im Klett-Cotta-Schulbuch-Verlag heißt es (S. 231): "Die Heranwachsenden waren im Dritten Reich konsequent vom Ausland abgeschirmt worden. Reisen hatte es nicht gegeben, und alle Informationen waren strengstens gesiebt. Gewisse Folgewirkungen waren bis weit in die Nachkriegszeit hinein spürbar."*

Diese Behauptung befindet sich auch in der im gleichen Verlag erschienenen "Enzyklopädie des Nationalsozialismus".

Tatsachen, die den kompletten Unsinn des Herrn Schoerken widerlegen:

1.) Jugendliche konnten im Dritten Reich während ihrer Ferien allein oder mit ihren Eltern hinreisen, wohin sie wollten (im Unterschied zur DDR).

2.) Im Jahr 1938 (z.B.) fanden 375 von der HJ organisierte Gruppenfahrten ins Ausland mit 12.390 Teilnehmern statt. "Für das HJ-Führerkorps, das von 1939 ab auf der Akademie für Jugendführung in Braunschweig seine Ausbildung erfährt, hat der Reichsjugendführer ein Halbjahr Auslandsaufenthalt angeordnet, um den Führern der Jugend ein Bild von der Welt zu ermöglichen und ihren politischen Instinkt aufgrund einer praktischen Auslandserfahrung zu schulen." (Zitat nachzulesen in "Das kommende Deutschland", Juncker & Dünnhaupt-Verlag, S.225, Ausgabe 1940). Bereits 1934 schrieb Baldur v. Schirach in seinem Buch "Idee und Gestalt": "Jede Nation hat das Interesse, daß ihre Jugend einen möglichst weiten politischen Horizont bekommt. Besonders das nationalsozialistische Deutschland ist daran interessiert, daß seine Jugendlichen möglichst frühzeitig andere Nationen kennen- und achten lernen. Je besser sich die Jugend Europas verstehen lernt, um so schöner für die Zukunft."

3.) Das Führerorgan der HJ "Wille und Macht" veröffentlichte am 15.10.1937 ein Frankreich-Sonderheft mit einem Leitartikel "Frankreichs Wunsch" von Ministerpräsident Chautemps, das dem Jugendaustausch beider Nationen gewidmet war . Der Botschafter Frankreichs in Berlin , François-Poncet, dessen Sohn Gastmitglied der HJ war , schrieb in diesem Heft: "Vorzüge, die der Franzose nicht hat, er findet sie beim Deutschen, die, die dem Deutschen abgehen, der Franzose besitzt sie. Unsere jungen Leute fühlen es. Ihre Zusammenkünfte feuern sie wunderbar an. Es ist eine Freude, zu sehen, wie beim gemeinsamen Leben, bei diesem "Sich-fühlen", der Geist und die Herzen sich öffnen, wie das Beste in ihnen erwacht und sich entfaltet."

4.) Eine HJ-Abordnung aus einem deutsch-französischen Jugendlager empfing 1938 der französische Staatspräsident Lebrun auf Schloß Rambouillet und rief ihr bei dieser Gelegenheit zu: "Ihr seid die glücklichste Jugend der Welt!" (Da hätte wohl der Klett-Cotta-Verlag, wenn es stimmte, was Schoerken geschrieben hat, eine Menge Attrappen vor dem Schloß aufstellen müssen.)

5.) Am 15.3.1938 veröffentlichte das Führerorgan "Wille und Macht" ein England-Sonderheft mit einer "Message to the German Youth" von Premierminister Neville Chamberlain, der auf den in Gang befindlichen Jugendaustausch mit den Worten Bezug nimmt: "Es ist schon jetzt - und wird in Zukunft noch mehr - die glückliche Aufgabe der Jugendorganisationen sein, die jetzt in vielen Ländern am Werke sind, durch Austausch von gegenseitigen Besuchen und anderweitig die Verständigung zwischen den Nationen zu fördern.

Die ausgezeichnete Parole "Jahr der Verständigung", die Euch für das Jahr 1938 gegeben worden ist, zeigt den Anteil, den Ihr daran in der Welt bereits tragt." 25.914 junge Engländer waren 1938 in den deutschen Jugendherbergen zu Gast.

6.) An einem Welttreffen der Jugend 1935 im bayerischen Hochlandlager nahmen Jugendabordnungen aus 36 Ländern der Welt teil. Ihre Anwesenheit ist im erhalten gebliebenen Gästebuch des Hochlandlagers überliefert.

7.) Der in Wien vom 14.-18.9.1942 tagende "Europäische Jugendkongreß" unter Leitung Schirachs faßte folgenden Beschluß: "Der bisherige "Internationale Jugendherbergsdienst wird in den Europäischen Jugendherbergsverband" umgewandelt und erhält damit seine erweiterte Zweckbestimmung, den Gedanken des Jugendwanderns und der Fahrten, den Austausch von Fahrtengruppen zu aktivieren und damit das gegenseitige Kennenlernen der europäischen Nationen in der Jugend zu fördern."
Über Kontakte der Jugend im Dritten Reich mit der Jugend anderer Völker sind Angaben zu finden u.a. bei Dr. Jutta Rüdiger "Die Hitler-Jugend und ihr Selbstverständnis" und bei Griesmayr/Würschinger "Idee und Gestalt der Hitler-Jugend".

Angesichts dieser Tatsachen stellen die Behauptungen von Schoerken ein "Stück aus dem Tollhaus" dar.

Anläßlich des Europ. Jugendkongresses
begegneten sich Jugendliche aus 14 Nationen

Behauptung: In der "Enzyklopädie des Nationalsozialismus" schreibt Schoerken (S. 109 ff.): "Die Geringschätzung des Wissens, die Ablehnung der moralischen Normen der europäischen Zivilisation und alter Erziehungswerte, die aus der rationalen und humanen Tradition stammten, setzten die HJ-Erziehung nicht einfach in ein Konkurrenzverhältnis zur Schule, sondern in eine prinzipielle Gegenposition."

Tatsache ist, daß Schoerken lügt und nicht nur Unwahrheiten verbreitet! Denn wenn jemand in einer "Enzyklopädie des Nationalsozialismus" über die Hitler-Jugend referiert, dann muß er Schirachs Reden, sein Führerorgan "Wille und Macht", die Anordnungen der Reichsjugendführung gelesen und muß von den Buch- und Theaterwochen etwas vernommen haben. Die hier gelebten Erziehungsgrundsätze erlauben es nicht, solchen mit keinem Dokument gestützten Unsinn, wie die "Geringschätzung des Wissens" zu verbreiten. Was die "moralischen Normen der europäischen Zivilisation" betrifft, so hätte sie ein sauberer Rechercheur im Sonderheft "Von Frauen, Liebe und Sitten" des Führerorgans der HJ (Dez.-Heft 1937) nachlesen können.

Harald Scholtz

Behauptungen *des Prof. Dr. Harald Scholtz in der "Zeitschrift für Pädagogik": "Die Ausgestaltung der Jugendphase durch die HJ dürfte die Lebensverhältnisse der Arbeiter- und Landjugend wenig verändert haben."*

Tatsache ist und wäre im amtlichen Organ des Jugendführers des Deutschen Reiches nachzulesen, daß mit Beseitigung der Jugendarbeitslosigkeit, den Jugendschutzgesetzen mit ihrer Urlaubsregelung, mit der Jugendgesundheitspflege, der Teilnahme an Zeltlagern, dem Leben in HJ-Heimen und neu errichteten Jugendherbergen, den Fortbildungsmöglichkeiten wie dem Reichsberufwettkampf, der Teilnahme an Theaterwochen, dem HJ-Dienst in Spielscharen usw. die Lebensverhältnisse der Jugend sich in ganz anderen Dimensionen als in der Weimarer Republik entwickelten. Diese mußte am 24.12.1932 mit der Errichtung eines "Notwerks der deutschen Jugend" (täglich eine warme Mahlzeit) ihre Kapitulationsurkunde ausstellen. Die Lebensverhältnisse der Arbeiter- und Landjugend veränderten sich vollständig, zumal die bürgerkriegsähnlichen Zustände der zwanziger Jahre, die auch die verschiedenen Jugendorganisationen kennzeichneten, endlich überwunden waren.

Behauptung: *"Wenn Schirach für die HJ die Anthologie "Goethe an uns" zusammenstellen ließ, um die selektive Aneignung dieses Erbes zu empfehlen, benutzte er die Überlieferung als Kulisse, hinter der sich die Entwertung des Kulturwillens abspielen konnte."*

Tatsache ist, daß "eine selektive Aneignung" allerdings dadurch gefördert wurde, daß keine antisemitischen Äußerungen Goethes in die Anthologie aufgenommen wurden. Wenn Scholtz die Reden Schirachs über Eichendorff, Grillparzer,

Goethe an uns

Ewige Gedanken des großen Deutschen

Eingeleitet durch eine Rede Baldur von Schirachs

Berlin 1944

Zentralverlag der NSDAP. Franz Eher Nachf. G.m.b.H.

über bildende Kunst, zur Buchwoche, sein Wiener Kulturprogramm, sein Führerorgan "Wille und Macht" durchgearbeitet hätte, wäre ihm die infame Behauptung von der "Entwertung des Kulturwillens" wohl kaum aus der Feder geflossen.

Behauptung von dem "Streben der HJ nach der Einheit der Erziehung, die vor allem 1933/34 mit einer unmäßigen Beanspruchung der physischen und psychischen Leistungsfähigkeit an die HJ-Mitglieder herantrat."

Tatsache ist und wird verschwiegen, daß jedweder Drill und jede körperliche Überbeanspruchung ausdrücklich verboten waren, daß sich Schirach mit Erfolg bei Hitler dafür einsetzte, von einer Wiedererrichtung von Kadettenanstalten abzusehen, daß ein jugendärztlicher Dienst in den HJ-Einheiten dafür sorgte, daß keine Überstrapazierung jugendlicher Kräfte erfolgen konnte.

Behauptung: Als "Schönredner" bezeichnet Prof. Scholtz den Autor des Artikels im Führerorgan "Wille und Macht" Nr. 4/43, weil er geschrieben hatte: "Wir wollen keine Rassenideologen dulden, die dahergehen und die Völker nach ihren rassischen Merkmalen klassifizieren. Das erste Reich der Deutschen setzte sich aus germanischen und romanischen Völkern zusammen und bildete damit das Gefüge der europäischen Staatenwelt. Wir nahmen als Volk der Mitte Blut aller Völker des Kontinents in uns auf - ein Blick über die Friedrichstraße in Berlin und über die Kärntnerstraße in Wien lehrt das ganz deutlich..." Mit diesen Ausführungen sollte, laut Scholtz, "der Jugend Sand in die Augen gestreut werden, um dahinter die Vergasungen zu verstecken."

Tatsache ist, daß das Oberste Parteigericht nichts vom "Sand-in-die-Augen-streuen" entdecken konnte, sondern ein Parteiausschlußverfahren gegen den Verfasser des Artikels einleitete wegen Verstoßes gegen die Parteiideologie. Jemanden als "Schönredner" zu verunglimpfen, der Zivilcourage zeigt und öffentlich eine abweichende Position bezog, ist eine besondere Infamie. Prof. Scholtz hat inzwischen auf Vorhalt diese Bezeichnung brieflich zurückgenommen.

Evelyn Schreiner

Behauptungen: *In ihrer 1980 in Wien vorgelegten Dissertation über "Nationalsozialistische Kulturpolitik in Wien" heißt es: "Grillparzer wurde wie Ferdinand Raimund als großdeutscher Dichter vergewaltigt".... "den Fronturlaubern wurden Freikarten (fürs Theater) bereitgelegt, um ihnen einzubläuen, daß sie im Feld die deutsche Kultur zu verteidigen hätten"... "die Soldaten sollten durch das Theaterspielen und Musizieren der jungen Leute (Spielscharen der HJ) zu höchstem Einsatz für das Vaterland motiviert werden. So mißbrauchte das "Dritte Reich" seine wertvollste Substanz, seine Jugend für seine Zwecke."*

Tatsache ist, daß Grillparzer und Raimund nicht als "großdeutsch" vergewaltigt wurden, weil es zu ihrer Zeit noch keinen österreichischen Menschen und noch keinen österreichischen Staat gab. Wer will wirklich einen Stein auf Politiker werfen, die Fronturlaubern und Verwundeten Theaterkarten schenken, an die für sie auf normalem Weg sonst nicht heranzukommen ist?! Ist es etwa etwas anderes, wenn Marlene Dietrich zur Betreuung der US Armee eingesetzt wurde? Worin unterscheidet sich ihr Einsatz von dem der HJ-Spielscharen? Wurde Marlene Dietrich benutzt, um die amerikanische Jugend für Roosevelts Kriegsziele zu mißbrauchen? Unsinn ist es auch, wenn Frau Schreiner behauptet, Schirach habe die "Woche zeitgenössischer Musik" "aus persönlichem Geltungsbedürfnis veranstaltet". Wahr ist, daß er junge, moderne Kunst fördern wollte, was er ja auch auf dem Gebiet der Malerei mit der Ausstellung "Junge Kunst in Wien" tat, die Hitler verbieten ließ. Hier geschah etwas aus einer kritischen Position gegenüber der Kulturpolitik von Hitler und Goebbels, keinesfalls aus einem Geltungsbedürfnis"!

Redaktion STERN

Behauptung in Nr. 45/29. Oktober 1992 im Bericht "Ein Hitler-Junge weint doch nicht", Seite 126: "Erwin Rommel hielt den Reichsjugendführer für "einen unzurechnungsfähigen Schwadronierer".

Tatsache ist, daß sich Oberstleutnant Rommel vom Oberbefehlshaber der Wehrmacht zum Verbindungsoffizier zur Reichsjugendführung ernennen ließ. Dabei geriet er im Jahr 1937 mit Schirach in Konflikt, weil dieser sich der von Rommel geforderten vormilitärischen Ausbildung der 16-18jährigen innerhalb der HJ durch Unteroffiziere der Wehrmacht widersetzte. Zu Schirachs Erziehungsprogramm gehörte nur Kleinkaliberschießen und Geländesport. Sein zuständiger Amtschef, Dr. Schlünder, formulierte: "Vormilitärische Ausbildung führt zwangsläufig zur schablonenmäßigen Übertragung der Rekrutenausbildung mit der Waffe auf die 16-18jährigen Jungen und führt zur Soldatenspielerei bzw. zur Miniatur-Rekrutenausbildung. Die Wehrertüchtigung hingegen führt zur jugendgemäßen und waffenlosen Ausbildung im Gelände." An diesem Gegensatz zerbrach das Verhältnis Schirachs zu Rommel, der auf Verlangen des Reichsjugendführers abberufen und vom OKW durch Oberstleutnant Völkers ersetzt wurde (vgl. Bd. 13 - 14 des Protokolls des IMT/Nürnberg).

Behauptung: *In ihrem Buch "Die Zeit der großen Täuschungen / Mädchenleben im Faschismus" (AJZ-Verlag, Bielefeld 1987) bezeichnet die Autorin Veranstaltungen am Volkstrauertag als "Volkstrauerverdummungsfeiern" (!). Auf Seite 97 heißt es: "Die Volksgemeinschaftsideologie verlangte von der Arbeiterschaft, die eigene Entrechtung und Entmachtung als Fortschritt, ja als großen staatspolitischen Erfolg des neuen Regimes zu feiern, die Erfahrungen des Klassenkonflikts als Selbstbetrug zu verwerfen und sich ohne eigene Vertretung als "Betriebsgefolgschaft" in die "Betriebsgemeinschaft" einzuordnen."*

Tatsache ist, daß der Arbeiter nach 1933 mehr Freizeit und Urlaubstage gewann, daß er in der DAF seine Rechte vertreten konnte, Reisen mit "Kraft durch Freude" erlebte, Wohnungen für die Arbeiter gebaut wurden, und jeder einen besseren werksärztlichen Dienst in Anspruch nehmen konnte! Von "Entrechtung" und "Entmachtung" konnte keine Rede sein.

Behauptung *(S.166): "Es folgte als "Abwehrmaßnahme gegen die Greuelhetze des internationalen Judentums", wie es in der Propaganda hieß, der eintägige Boykott jüdischer Geschäfte am 1. April 1933: "Die Juden aller Welt wollen Deutschland vernichten! Deutsches Volk, wehr' dich! Kauf nicht beim Juden! Gleichzeitig wurde "die Beschäftigung der Juden in allen Berufen, entsprechend ihrer Beteiligung an der deutschen Volkszahl" gefordert."*

Tatsache ist, was die Autorin unterschlägt, daß der Boykottaufruf die Antwort auf die Kriegserklärung des Weltjudentums ("Judea Declares War on Germany") war, die im Londoner "Daily Express"am 24.März 1933 abgedruckt worden ist. Darin

BUY BRITISH ballito STOCKINGS

Daily Express

TO-DAY'S WEATHER: FINE; COOLER.

St. IVEL CHEESE Aids digestion 2d., 6d. & 8½d. each.

NO. 10,258. FRIDAY, MARCH 24, 1933. ONE PENNY.

JUDEA DECLARES WAR ON GERMANY

Mr. Churchill's Withering Attack On Premier

Officer Describes The Girl

DAYS OF LOVE IN BERLIN

'BROUGHT US NEARER TO WAR

FOUR YEARS' WORK WITHOUT ANY SUCCESS

Mrs. George Lansbury Dead

JEWS OF ALL THE WORLD UNITE

BOYCOTT OF GERMAN GOODS

MASS DEMONSTRATIONS

"Daily Express" Special Political Correspondent.

A STRANGE AND UNFORESEEN SEQUEL HAS EMERGED FROM THE STORIES OF GERMAN JEW-BAITING.

The whole of Israel throughout the world is uniting to declare an economic and financial war on Germany.

Hitherto the cry has gone up: Germany is persecuting the Jews." If the present plans are carried out, the Hitlerite cry will be: "The Jews are persecuting Germany."

All Israel is rising in wrath against the Nazi onslaught on the Jews. Adolf Hitler, swept into power by an appeal to elemental patriotism, is making history of a kind he least expected. Thinking to unite only the German nation to race consciousness, he roused the whole Jewish people to a national renascence.

The appearance of the Swastika symbol of a new Germany has called forth the Lion of Judah, the old battle symbol of Jewish defiance.

Fourteen million Jews dispersed throughout the world, have banded together as one man to declare war on the German persecutors of their co-religionists. Sectional differences and antagonisms have been submerged in one common aim—to stand by the 600,000 Jews of Germany who are terrorised by Hitlerite anti-Semitism and to compel Fascist Germany to end its campaign of violence and suppression directed against its Jewish minority.

Plans For Action Maturing In Europe And America

World Jewry has made up its mind not to rest quiescent in face of this revival of medieval Jew-baiting.

Germany may be called on to pay a heavy price for Hitler's antagonism to the Jews. She is faced with an international boycott in commerce, finance, and industry.

The Jewish merchant prince is leaving his counting-house, the banker his board-room, the shopkeeper his store, and the pedlar his humble barrow, to join together in what has become a holy war to combat the Hitlerite enemies of the Jew.

Plans for concerted Jewish action are being matured in Europe and America to strike back in reprisal at Hitlerite Germany.

In London, New York, Paris, and Warsaw Jewish merchants are uniting for a commercial crusade.

Resolutions are being taken throughout the Jewish business

PAGE TWO, COLUMN ONE

BANKERS DISCUSS RATES O[...]

BRITISH JEWS PROTEST AT NAZI TACTICS

MERCHANTS AND FINANCIERS RALLY TO MOVEMENT

GERMAN LINERS AFFECTED?

(CONTINUED FROM PAGE ONE)

world to server trade relations with Germany.

Large numbers of merchants in London have resolved to stop buying German goods, even at the cost of suffering heavy loss.

A meeting of the Jewish textile trade in London has been called for Monday to consider the situation and to determine what steps should be taken.

Germany is a heavy borrower in foreign money markets, where Jewish influence is considerable. Continued anti-Semitism in Germany is likely to react seriously against her. A move is on foot on the part of Jewish financiers to exert pressure to force anti-Jewish action to stop.

The Organisation of Jewish Youth in Britain are organising demonstrations in London and the provinces during the weekend.

The Board of Deputies of British Jews, representing the entire Jewish community of Great Britain, are meeting in special session on Sunday to discuss the German situation, and to decide on what action should be taken to counteract the attacks on their German fellow Jews.

World-wide preparations are being made to organise demonstrations of protest.

EMBARGO IN POLAND

A concerted boycott by Jewish buyers is likely to involve grave damage to the German export trade. Jewish merchants all over the world are large buyers of German manufactured goods, chiefly cotton goods, silks, toys, electrical things and furniture.

In Poland, the trade embargo on Germany is already in operation. In France, a proposed ban on German imports is being widely canvassed in Jewish circles.

Germany's Transatlantic shipping traffic is likewise threatened. The Bremen and the Europa, the German crack liners, may suffer heavily from a Jewish anti-German boycott. Jewish trans-ocean travellers form an important part of the patrons of these liners because of their extensive part in international trade. The loss of their patronage would be a heavy blow to Germany's Atlantic trade.

In New York yesterday 10,000 Jewish ex-soldiers marched to the City Hall to hold a protest demonstration.

Large crowds watched the men, some of whom wore old British uniforms, petition the mayor to support them in boycott of German goods.

Their petition was handed in at the British Consulate-General requesting that Palestine should receive Jewish refugees from Germany without restriction.

Members of the American House of Representatives are introducing resolutions protesting against the anti-Jewish excesses in Germany. The American trade unions, representing 3,000,000 workers, have also decided to join in the protests.

A rabbinical decree in New York has made next Monday a day of fasting and prayer over the Hitler campaingn.

Fasting will begin on Sunday at sunset and finish at sunset on Monday.

All Jewish shops in New York will be closed on Monday during a parade.

Apart from a monster meeting in Madison-square Garden, meetings are to be held in 300 American cities.

Madison-square Garden will see the remarkable sight of Bishop Manning speaking from a Jewish platform appealing for an end of the Hitler "terror."

DAY OF SERMONS

It had been arranged to charge a shilling admission and 5s. for box seats, but a public-spirited Jew, Frank Cohen, an insurance broker, gove a personal cheque for £1,000 to cover all expenses, so admission will be free.

Every rabbi in the city of New York has been placed under a sacred obligation by rabbinical decree to devote Saturday's sermon to the plight of Jews in Germany.

Representative Jewish organisations in the European capitals are understood to be making representations to their various Governments to use influence with the Hitler Cabinet to induce it to call a halt in the oppression of the German Jews.

The old and reunited people of Israel are rising with new and modern weapons to fight their age-old battle with their [illegible]ors.

HOLLAND'S QUEEN-MOTHER, who will be seventy- [illegible], photographed out walking near Shalsdorp.

MR. FRANKAU, PHILOSOPHER

DEAR, SENTIMENTAL ENGLISH"

Protests against the treatment of Jews in Germany, made at a [illegible] dinner in London last night, induced Mr. Gilbert Frankau, the novelist, to make a piquant speech.

"A war would be a great idea," he said. "Another war would give our three million unemployed people employment.

"I would suggest conscription for this country. It would be [illegible]

HOW MO[...] IS BES[...] INVEST[...]

INTEREST DO[...] HALF PER CE[...] SOME BAN[...]

NO AGREEM[...]

By the CITY ED[...]

I UNDERSTAND tha[...] of all the leading b[...] place yesterday to disc[...] interest on deposits.

No agreement was c[...] I understand that no s[...] likely.

Each bank is acting [...]ently.

Provincial depositors [...] the banks, however, re[...]terday notification that [...] interest which they wil[...] future will be 1½ per ce[...] money, instead of 2 p[...] more, according to ar[...]

The following state[...]piled by the "Daily [...] shows owners of money [...] can place it to the best [...] in present conditions:

Deposit rate [illegible]

National Savings Certi[...] [illegible]

Building Societies.—[illegible]

Trustee Savings Banks.—[illegible]

Commercial banks [illegible]

heißt es: “Das Erscheinen des Hakenkreuzes als Symbol eines neuen Deutschlands hat den Löwen von Juda, das alte Schlachtsymbol jüdischenWiderstandes, wachgerufen. Vierzehn Millionen Juden, die über die ganze Welt verstreut sind, haben sich vereinigt, einig wie ein Mann, zur Kriegserklärung an die deutschen Verfolger ihrer Glaubensgenossen. Pläne für den Kampf reifen heran in Europa und Amerika! Das Weltjudentum hat sich entschlossen, nicht ruhig zu bleiben angesichts dieses Wiederauflebens mittelalterlicher Judenverfolgung.” So zu lesen eine Woche vor dem 1. April 1933, und ein klassisches Beispiel für die Rolle von Ursache und Wirkung.

Behauptung: Der BDM ist nicht autonom entstanden, sondern war das Ergebnis staatlicher Planung. Das Leben der Frauen wurde mit “brutalen Mitteln der Diktatur unterdrückt.”

Tatsache ist, daß am 1.9.1925 bereits ein “Völkischer Mädchenbund” gegründet worden ist und die sich danach bildenden “Schwesternschaften” als Gliederungen der Hitler-Jugend geführt wurden. Am 1.7.1929 erließ die Reichsführerin der Schwesternschaften “Richtlinien über den Aufbau und die Arbeit der Schwesternschaften der Hitler-Jugend”: 1930 erfolgte dann die Umbenennung in “Bund Deutscher Mädel”. 1932 beteiligte sich der BDM mit 15.000 Mädeln am Reichsjugendtag in Potsdam. Der BDM wurde wie Hitler-Jugend und NS-Schülerbund vor 1933 zeitweise verboten, konnte also nicht das “Ergebnis staatlicher Planung” gewesen sein. Im Januar 1938 wurde auch noch das BDM-Werk “Glaube und Schönheit” gegründet, wo sich in einer Vielzahl von Arbeitsgemeinschaften das Leben der 17- 21Jährigen entfalten konnte und womit sich die Behauptung von den “brutalen Mitteln der Diktatur”, mit denen das Leben der Frauen unterdrückt wurde, als kompletter Unsinn erweist.

Peter D. Stachura

Behauptungen *des Engländers Stachura im Kapitel "Das Dritte Reich und die Jugenderziehung" im Buch "Nationalsozialistische Diktatur" (Droste Verlag, 1983), herausgegeben von Karl Dietrich Bacher:*
"So wurde den in der Schule schwachen Schülern, die außerdem der HJ angehörten, nach dem Ermessen ihrer HJ-Leiter gestattet, die nächsthöhere Klasse zu besuchen, obwohl sie unter normalen Umständen das Jahr hätten wiederholen oder sogar die Schule hätten verlassen müssen... die Verbreitung ihres blinden Anti-Intellektualismus war eine wichtige Vorbedingung für das Auftreten der HJ als einer ernst zu nehmenden erzieherischen Kraft der Jugend neben den traditionellen Institutionen Kirche, Elternhaus und Schule"..."Eine 1939 in Braunschweig gegründete Reichsakademie für die Jugendführung bildete das Herz dieser Schulentwicklung. Binnen kurzem jedoch wurden Spontanität und Flexibilität sowohl bei den Leitern wie auch bei den Mitgliedern der HJ unterdrückt. Zur Mitte der dreißiger Jahre wurden Reglementierung, Nachbeten, unstrukturierter Aktivismus und strikter Konformismus die Kennzeichen der Organisation bei gleichzeitigen Auswirkungen auf die Moral, formaler Unterricht, der Erwerb wissenschaftlichen und objektiven Wissens, die Kultivierung des Geistes alle auf eine niedrigere Position auf der nationalsozialistischen Skala erzieherischer Prioritäten verwiesen."

Tatsache ist, daß keine dieser Behauptungen wahr ist und darum auch mit nichts belegt werden kann. Auf die Versetzung von Schülern hat die HJ-Führung keinerlei Einfluß genommen. Wer Schirachs Reden zur Woche des Buches, zur Eröffnung der Theaterfestspiele, über "Goethe in unserer Zeit" oder "Vom musischen Menschen" (in seinem Buch "Revolution der Erziehung") gelesen hat, kann die Behauptung vom "blinden Anti-

Intellektualismus" nur als ein verlogenes, törichtes Geschwätz empfinden. Oder waren das vielleicht alles Deppen, die Baldur v. Schirach im Jahr 1943 zum Präsidenten der Deutschen Bibliophilen Gesellschaft gewählt hatten?! Ebenso verlogen ist die Behauptung, auf der Akademie für Jugendführung sei Spontanität und Flexibilität unterdrückt worden!! Zum Erziehungsauftrag der Akademie erklärt die Führerzeitschrift "Wille und Macht" 1938: "Wir möchten uns die Beweglichkeit und Spannkraft, die Elastizität und Großzügigkeit bewahren, die das schöpferische Element der Jugend zum eigenen Schaffen aufrüttelt, anregt, geistiges Leben in Bewegung hält und nicht in der Normung aller Erscheinungen abtötet. Es ist für das Volk absolut nicht wichtig, ob eine Führungsschicht sich mit irgendeiner Erscheinung unseres geistigen Lebens so oder so rauft und auseinandersetzt. Hauptsache ist nur, daß sie es überhaupt tut, daß junge Menschen zu einer eigenen Überzeugung gelangen. Zum Führercorps gehört es auch, nachzudenken, geistig zu fechten und die Waffen des Verstandes zu schärfen." Daher waren in der Bibliothek der Akademie zahlreiche Bücher von weltanschaulichen Gegnern einschließlich der Werke von Karl Marx vorhanden, um sich mit dem Inhalt auseinanderzusetzen.

Wie und für was die Jugendführer ausgebildet wurden, ist nachzulesen in der Schriftenreihe "Akademie für Jugendführung" (Vieweg Verlag, Braunschweig) und in der vom Bundesland Niedersachsen geförderten Standardpublikation von Jürgen Schultz "Die Akademie für Jugendführung der Hitler-Jugend in Braunschweig" (Waisenhausdruckerei, 1978). Entgegen der Behauptung von Stachura (Seite 6) war die Hitler-Jugend nicht gottlos und wurde auch nicht entsprechend erzogen. In seiner Rundfunkansprache an die deutschen Eltern sagte Schirach am 1.12.1936: "Ich habe in der Hitler-Jugend niemals einen Gottlosen geduldet. Wer auf die HJ-Fahne schwört, band sich dadurch nicht nur an diese Fahne, sondern zugleich an eine höhere Macht." Und schon lange vor dem 1. Dezember mußte die Jugend, die in unsere Gemeinschaft eintrat, ihr Gelöbnis der

Treue mit dem Zusatz bekräftigen: “So wahr mir Gott helfe.” (Letzteres fiel erst bei der Wahl des deutschen Bundeskanzlers im Jahr 1998 unter den Tisch!)

Was die “niedrigere Position auf der nationalsozialistischen Skala erzieherischer Prioritäten” angeht, so wird hier eine faustdicke Lüge verbreitet, die durch die gesammelten Reden Schirachs (“Revolution der Erziehung”, Eher Verlag) eindeutig widerlegt wird.

Mit dem Modellbau begann es in der Flieger-HJ

Redaktion "Quick"

Behauptungen in der Ausgabe Nr. 32/1980 unter der Überschrift "Bund deutscher Mädel vor 50 Jahren":

"Beim BDM herrschte ebenso wie bei den Jungen der Hitler-Jugend militärisch straffe Zucht."

"Florettfechten - das sah schon nach Wehrertüchtigung aus."
"Darum bot der totale Staat eine totale Schulung. Sie reichte von Leibesübungen alter Art.... von Ausflügen bis zum Exerzieren und zu Kriegsspielen.... von der Landarbeit bis zu einer Art Milizdienst."

"Ihr Schlachtfeld war das Bett", sagte Hitler.

Tatsache ist, daß beim BDM keine militärisch straffe Zucht herrschte, sondern die Mädels antraten wie jede Turnerriege in Sportvereinen oder in der Schule. In das Florettfechten die Vorstellung einer "Wehrertüchtigung " hineingeheimnissen zu wollen, ist schon deshalb absurd, weil es sich beim Florettfechten um eine olympische Disziplin handelt. Die BDM-Mädel wurden keiner Wehrertüchtigung unterzogen. Im Krieg erfolgte lediglich Unterweisung im Luftschutz- und Sanitätsdienst. Von einem "Milizdienst" kann keine Rede sein. Der Hitler unterstellte Ausspruch bezüglich des "Schlachtfeldes" der Mädchen ist frei erfunden. Ebenso ist gefälscht ein Bild, das "BDM-Mädchen 1936 beim Kleinkaliberschießen" darstellen soll. Der BDM hat keine Ausbildung im Kleinkaliberschießen vorgenommen. Die auf dem Foto abgebildeten Mädchen sind nicht als BDM-Mädel erkennbar , da auf ihrem Sporthemd die HJ-Raute fehlt, und die dargestellten Gewehre haben keine Gewehrschlösser, so daß man mit ihnen gar nicht schießen kann.

Mädel im Dienst

Ein Handbuch

Herausgegeben von der
Reichsjugendführung

Ludwig Voggenreiter Verlag Potsdam

Redaktion "Quick" / W.Hiss

Behauptung in der Ausgabe Nr. 52/1957 in einer Artikelserie "So wahr mir Gott helfe!":

"Flirt und Liebelei gehörten zur Dienstordnung der Hitler-Jugend".

Tatsache ist, daß es eine solche "Dienstordnung" niemals gegeben hat, und daß mit einer solchen Lüge eine ganze Generation beleidigt wird.

"Spiegel"-Redaktion

Behauptung *im Beitrag "Wir weichen nur als Tote", Nr. 37/95, S. 168:*

"Die jüdischen Kinder von Hebron sorgen in Israel immer wieder für Aufregung. In Dutzenden von Protokollen hat die Polizei das Hooligan-Verhalten der Siedlerjungs festgehalten. Sie kippen Marktstände um, werfen mit Kartoffeln und Eiern auf Palästinenser. Zerschlagene Autofenster, zerstochene Reifen, verwüstete Ladeneinrichtungen sind an der Tagesordnung, und neuerdings schleudern die Burschen Stahlnägel mit Gummizwillen auf arabische Passanten. Sie benähmen sich "wie die Hitlerjugend", meint Professor Mosche Zimmermann, der an der Hebräischen Universität in Jerusalem deutsche Geschichte lehrt."

Tatsache ist: Professor Zimmerman und der "Spiegel", der ihn zitiert, betreiben damit Volksverdummung, da es keinen einzigen Vorfall in der Geschichte der HJ gibt, der dem Verhalten der jüdischen Kinder von Hebron entspricht. "Die Hitlerjugend" hat keine Chaostage nach Hannover-Muster veranstaltet, und man kann ihr höchstens vorwerfen, sehr stark auf Disziplin geachtet zu haben. In der sog. "Reichskristallnacht" war ihr jede Beteiligung an Ausschreitungen durch den Reichsjugendführer von Schirach verboten worden, der das Geschehen damals als "Kulturschande" bezeichnete. Der Professor für Deutsche Geschichte an der Hebräischen Universität kann zur Vergangenheitsbewältigung beitragen, aber nicht Geschichte, die er lehrt, auf den Kopf stellen.

Günter Wagner

<u>Behauptungen:</u> *Der 1925 geborene Volksschullehrer schreibt in seinem Roman "Die Fahne ist mehr als der Tod": "Die Erziehung zur Unmenschlichkeit vollzieht sich, ohne das gute Gewissen der Erzogenen zu beeinträchtigen. Der totalitäre Staat erzieht die Jugend zu traditionellen Idealen - beim NS-Staat etwa Ehre, Volk, Treue, die er freilich für seine Zwecke korrumpiert hat. Er verlangt von der Jugend selbstlosen Dienst an den Idealen, der gern geleistet wird, ohne daß die Erzogenen von diesen Begriffen irgendwelche konkreten Vorstellungen haben." Der Krieg sei "von vornherein der eigentliche Zweck seiner Ausbildung gewesen." In der Wirklichkeit des Krieges erkennt Wagner, daß er auf Phrasen gedrillt worden war: "Unser Tod kommt nicht mehr mit Lorbeerkränzen und Sonnenblumen. Es ist wie ein Schmelzofen. Du gehst hinein und rufst: 'Deutschland, Vaterland, wir kommen schon" und dann kichert der Tod, rülpst, bespritzt dich mit dem Hirn der Krepierten, schlägt dir ein abgerissenes Bein über den Schädel, duckt dich in ein Meer von Blut, hetzt dich durch Eis und Feuer.... und wenn du wirklich herauskommst, dann kannst du gerade noch 'Scheiße' sagen."*

<u>Tatsache</u> ist, daß es keinerlei Beweise für eine "Erziehung zur Unmenschlichkeit" gibt, hingegen genügend Belege für eine Erziehung zur Ehrfurcht und zum Respekt menschlicher Werte. Die "Erzogenen" bekamen an den Heimabenden der HJ und bei feierlichen Anlässen durchaus "konkrete Vorstellungen" von dem vermittelt, was Ehre, Volk und Treue bedeuten. Eine Lüge ist es, zu behaupten, der Krieg sei von vornherein der eigentliche Zweck der Ausbildung gewesen. Dem Oberstleutnant Rommel, der Baldur v. Schirach eine vormilitärische Ausbildung der HJ-Einheiten hatte andienen wollen, antwortete dieser: "Ich erziehe die Jugend für den Frieden, nicht für den Krieg!" Und daran hielt er sich auch.

Nach Entlassung aus Spandau – 30.9.1966

Ulrich Weinzierl

Behauptung des Wiener Historikers in seinem Artikel "Deutscher Karfreitag" in der "Frankfurter Allgemeinen": "Mit der Aufforderung, bis zum letzten Mann zu kämpfen, verließ Schirach dann die Stadt."

Tatsache ist, daß sich der Reichsstatthalter von Wien, Baldur v. Schirach, auf durch Funkspruch übermittelten Befehl Hitlers am 9. April 1945 mit seinem letzten Dienstgrad zur Truppe begab. SS-Obergruppenführer Sepp Dietrich verwendete ihn dort in seinem Stab. Auslöser für Hitlers Befehl war Schirachs Weigerung, Wien zur Festung zu erklären, weil Wien eine Lazarettstadt voller Verwundeter war. Außerdem hatte er sich schon Anfang Januar dieses Jahres geweigert, die Jahrgänge 1928 und 1929 zum Volkssturm einzuberufen, weil es an Ausrüstung fehlte.

Michael Wortmann

Behauptungen: In seiner Dissertation "Baldur v. Schirach, Hitlers Jugendführer", für die Wortmann von der Philosophischen Fakultät der Universität Köln unter der Verantwortung von Prof. Hillgruber die Doktorwürde erhielt, und die im Böhlau Verlag als Buch erschien, stellt er eine Fülle unwahrer und falscher Behauptungen auf.

So z. B. Seite 164: "Schirach schuf den Jugendlichen ein nationalsozialistisches Gewissen, einen Katalog von Normen, Tugenden und Zwängen... damit einher ging die permanente Aufforderung zum Verzicht auf die eigene Persönlichkeit, auf selbständiges Denken und Handeln."

Tatsache ist, daß das Erziehungsgesetz des Dritten Reiches lautete: "Jugend soll von Jugend geführt werden", was in einer 9 Millionen-Organisation die frühe Übernahme von Verantwortung von Hunderttausenden von Jungen und Mädeln zur Voraussetzung hatte, also das Gegenteil von einem Verzicht auf die eigene Persönlichkeit. Vor seinem Führercorps erklärte Schirach am 24.5.1938: "Die Kenntnis des pythagoreischen Lehrsatzes oder der Oden des Horaz kann dem einzelnen eine wertvolle Bereicherung des menschlichen Daseins bedeuten, wichtiger ist, daß der junge Mensch außerdem zu einer Haltung erzogen wird, die ihn zu dem befähigt, was Bismarck so treffend als "Zivilcourage" bezeichnet hat." Wer, wie Wortmann, von der HJ behauptet, sie sei zur Vorbereitung der Jugend auf den Krieg ins Leben gerufen worden, der sollte nicht gleichzeitig behaupten, der Reichsjugendführer habe den Verzicht auf die eigene Persönlichkeit betrieben, ohne die man bekanntlich auch nicht erfolgreich einen Krieg führen kann. Die frühere Reichsreferentin Dr. Jutta Rüdiger schrieb: "Das Erziehungsziel für jeden Jungen und jedes Mädel war nicht eine Erziehung zum Kollektiv, sondern die Bildung einer der Gemeinschaft verpflichteten Persönlichkeit". Vor dem Europäischen Jugendkongress erklärte Schirach: "Vor der Front ihrer Kameraden müssen sich die Hitler-Jugendführer schon in sehr jungen Jahren kraft ihrer natürlichen Autorität behaupten. Der Aufgabenkreis ist der Altersstufe der jungen Führer angemessen, jeder junge Führer trägt eine Verantwortung und ich glaube, daß die Übertragung dieser Verantwortung in ihrer erzieherischen Bedeutung gar nicht hoch genug eingeschätzt werden kann."

Welchen Unsinn Wortmann mit seiner Dissertation verbreitet hat, wenn er schreibt, die HJ habe man zum Verzicht auf selbständiges Denken und Handeln erzogen, kann er bei dem britischen Militärschriftsteller Lidell Hart nachlesen, der feststellte: "An Tapferkeit kamen sie den Vätern im l. Weltkrieg gleich, aber dazu trat als neue Erscheinung ein verblüffendes Ausmaß an eigener Initiative bis hin zur kleinsten Kampftruppe, ja bis zum Einzelkämpfer. Die junge Generation zeigte in der Schlacht nicht weniger sondern mehr Selbstvertrauen, Eigenwillen, Einfallsreichtum und Selbständigkeit."

Behauptung: In der Dissertation heißt es, Schirachs Erziehungsideale hätten nichts mit der Wirklichkeit einer modernen Industrienation zu tun gehabt, es habe sich um ein Leben aus zweiter Hand gehandelt.

Tatsache ist, daß einer Umfrage des Unternehmensberaters Maximilian Schubart aus dem Jahr 1968 in der Altersgruppe der 45- bis 60Jährigen zu entnehmen ist, daß 65 - 70 % der Führungskräfte der bundesrepublikanischen Wirtschaft Absolventen der von Schirach und Dr. Ley im Jahr 1938 ins Leben gerufenen Adolf-Hitler-Schule gewesen sind. Sie müssen schon eine sehr praxisbezogene, Lebenstüchtigkeit vermittelnde Erziehung erhalten haben, um später die Führungskräfte zu stellen, also nicht eine Erziehung für "ein Leben aus zweiter Hand".

Behauptung Wortmanns: "Im Februar 1945 sann Schirach auf der Rückreise aus dem Führerhauptquartier bereits darüber nach, wie er den Untergangswirren entkommen könnte."

Tatsache: Es ist wohl ein Skandal, wenn eine Universität jemandem einen Doktorhut für eine Dissertation verleiht, in der fabuliert wird, worüber jemand auf einer Reise "nachgedacht hat".

Behauptung Wortmanns: Schirach habe "noch in den letzten Tagen Vierzehn-, Fünfzehn-, Sechzehn- und Siebzehnjährige geopfert." (S. 9)

Tatsache: Zu Front- und Kampfeinsätzen erteilte der Reichsstatthalter in Wien und Reichsleiter für die Jugenderziehung keine Befehle. Wenn solche Befehle ergingen, dann lag dafür die Verantwortung nicht bei Baldur von Schirach!

Was Wortmann an falschen Behauptungen zum Thema "Hitler-Jugend und Kirche", "Hitler-Jugend und Judenverfolgung", "Verständigungsarbeit über Grenzen hinweg" aufgestellt hat, und was er alles verdrängt, verzerrt und verschweigt, ist der Broschüre "Ein Jugendführer in Deutschland" von Günter Kaufmann zu entnehmen, erschienen im Selbstverlag 1993 (Broschüre vergriffen, nur in Blibliotheken einzusehen!). Die auf die skandalöse Doktorarbeit schriftlich aufmerksam gemachte Kölner Universitäts-Fakultät reagierte mit Schweigen.

Hotel Mont-Royal in Kröv/Mosel,
wo Baldur von Schirach in den letzten Jahren lebte – und starb

Peter von Zahn

Behauptung: *In seinem Buch "Verrat an der deutschen Jugend" Desch Verlag) schreibt der ehemalige Kriegsberichterstatter der Propagandakompanie 501, von Zahn: "Schirach erzog 12 Jahre lang die deutsche Jugend. Er richtete junge Menschen ab, wie Polizeihunde einen Mann anzuspringen, wenn er einen roten Rock oder eine polnische Mutter oder eine krumme Nase hatte - oder ganz einfach, wenn von oben "faß, faß!" gerufen wurde".*

Tatsache ist, daß dieser Herr von Zahn den Gipfel aller Lügen über die Hitler-Jugend erklommen hat. In seinen Kriegsberichten von der Front hatte er nichts von Soldaten bekundet, die in ihren Jugendjahren wie Polizeihunde abgerichtet worden waren. Im übrigen: auf das Vorwort zu dieser Schrift muß verwiesen werden.

Jürgen Zarusky

<u>Behauptungen</u> *im "Lexikon des deutschen Widerstands": Der Autor schreibt (S. 101): "Die Konkordatsverhandlungen konterkarierten von Schirachs Versuch, auch die katholischen Jugendverbände auszulöschen."*

<u>Tatsache</u> hingegen ist: Ein solcher Versuch hat nicht stattgefunden, weshalb die Konkordatsverhandlungen nicht konterkarieren konnten, sondern sich im Ergebnis mit Schirachs Intentionen voll deckten. Schirach war am 17.6.1933 zum Jugendführer des Deutschen Reiches ernannt worden. Drei Tage später erfolgte die Unterzeichnung des Reichskonkordats, und bereits am 24.6.1933 äußerte er in Hannover (Quelle: "Das Junge Deutschland", Amtl. Organ des Jugendführers des Deutschen Reiches, 1933, Heft 7, S. 174): "Ich möchte bei dieser Gelegenheit ein kurzes Wort über die konfessionellen Jugendverbände Deutschlands sprechen. Und da habe ich zu sagen: Ich werde meine Haltung gegenüber diesen Verbänden abhängig machen von dem Verhalten dieser Verbände selbst. Jeder Jugendbund und jeder Verband in Deutschland, der nicht übergreift in die Befugnisse, die ausschließlich Befugnisse der Hitler-Jugend sein müssen, kann auch unter unserer Führung weiterbestehen."

Was Schirach bei seiner Erklärung im Auge hatte, nämlich die nichtkirchlichen Aktivitäten der katholischen Jugendorgnisationen, werden deutlich geschildert von Huber in "Jugend unterm Hakenkreuz", 1982.

<u>Behauptung:</u> *"Die HJ ist vor der Machtübernahme eine zahlenmäßig nicht sehr bedeutende, vorwiegend auf den politischen Kampf ausgerichtete Organisation gewesen." (S. 105)*

<u>Tatsache</u> hingegen ist, daß sie schon 1930 20.000 Mitglieder zählte, 1932 kamen 35.000 neue Mitglieder hinzu, und an ihrem

Reichsjugendtag im Oktober 1932 nahmen mehr als 100.000 Jugendliche aus allen Teilen des Reiches teil.

Gregor Ziemer

Behauptungen: Im Band 5-6 der Urkunden des Nürnberger Militärgerichtshofes ist auf Seite 502 das Dokument 2441/PS zu finden: "Eidliche Aussage Gregor Ziemer vom 4. Oktober 1945". Auszüge aus dem Buch "Erziehung für den Tod, Förderung außerehelicher Geburten, Sterilisation untauglicher Personen, militärische Erziehung der Kinder vom frühesten Alter an." In dem Ziemer-Dokument findet sich die Behauptung, Schirach habe 1938 in Heidelberg eine Rede vor Studenten gehalten, sie wegen der Zerstörung der Synagoge gelobt und ihnen Medaillen und Zertifikate überreicht.

Tatsache ist, daß Schirach die Zerstörung von Synagogen 1938 in einer Rede vor HJ-Führern als "Kulturschande" bezeichnet hat, und daß er an Studenten keine Medaillen oder Zertifikate verleihen konnte, auch nicht in Heidelberg.

Behauptung: "Die Nazi-Mutter weiht ihren Sohn Hitler, bevor er geboren ist. Wenn der Junge sechs Jahre alt ist, leistet er den ersten Eid, sein Leben für den Führer zu opfern."

Tatsache ist, daß eine solche Nazi-Mutter eine Ziemer-Erfindung ist, und daß es im Dritten Reich keinen einzigen Sechsjährigen gegeben hat, der einen Eid hätte leisten müssen.

Behauptung: Einen HJ-Führer will Ziemer gefragt haben: "Wann werden die deutschen Kinder für die Nazi-Partei interessant?" Die Antwort habe gelautet: "Bevor sie empfangen werden!"

Tatsache ist, daß der unter Eid aussagende Zeuge Ziemer für seine Behauptung keinen Namen eines HJ-Führers angeben kann.

Zeitgeschichte

Der meineidige Kronzeuge

Ein Typ, den der amerikanische Anklagevertreter im Nürnberger Prozeß gegen Baldur von Schirach ins Feld führte - Appell an den US-Botschafter Walters

von Günter Kaufmann

„Immer doch
schreibt der Sieger die Geschichte
des Besiegten.
Dem Erschlagenen entstellt
der Schläger die Züge.
Aus der Welt geht der Schwächere
und zurück bleibt die Lüge."
Bertolt Brecht

Wenn junge Abgeordnete des Deutschen Bundestages oder auch dort akkreditierte Journalisten sich ein Bild von der Jugenderziehung im Dritten Reich machen wollen, dann wird ihnen in der Bundestagsbibliothek unter der Registernummer Mak 3718 eine Publikation in die Hände fallen „Education for death", erschienen 1941 in 6. Auflage (!) im Verlag Oxford University Press in London, New York und Toronto. Der Autor ist ein Georg Ziemer, der vor Kriegsausbruch die amerikanische Schule in der Platanenallee in Berlin-Charlottenburg leitete. Das in den USA abgefaßte Machwerk ist als Feindpropaganda für Nachgeborene nicht erkennbar, sondern dürfte noch heute zur Urteilsbildung über diesen Geschichtsabschnitt beitragen. Dabei stünde es der amerikanischen Regierung gut an, nachdem sie aufgrund dieses Buches ihren Mister Ziemer mit einem Affidavit gegen Baldur von Schirach in den Nürnberger Prozeß eingeführt hat, dem Beispiel der Moskauer Regierung zu folgen (die bekanntlich die Katyn-Lüge zugab) und Herrn Ziemer als einen Schmutzfinken in der Rumpelkammer des letzten Weltkrieges abzustellen. Ein solches Werturteil ist wohl gerechtfertigt, weil er seine Unwahrheiten auch noch für den Internationalen Gerichtshof unter Eid abgab.

Durch Bestechung eines Beamten im Jahre 1938 mit Kaffee (!), den man in jedem Laden in beliebiger Menge erhalten konnte, will der Autor sich Zutritt und Empfehlungsschreiben von Reichserziehungsminister Rust verschafft haben, um seine Recherchen über die Jugendarbeit im Dritten Reich durchführen zu können. Namen und Quellen

Weitere groteske Lügen Ziemers sind nachzulesen in der Askania-Studiensammlung Heft 11/1191, S.18, im Artikel “Der meineidige Kronzeuge”.

ANHANG

VERANTWORTUNG ÜBERNOMMEN...

in der Hitler-Jugend	im demokratischen Rechtsstaat
Abelbeck, Gerhard, Amtschef der RJF, Amt für Leibesübungen	Geschäftsführer des Nationalen Olympischen Komitees
Abetz, Otto, Oberbannführer, Botschafter in Paris	Schriftsteller
Ahlers, Conrad, Jungvolkführer	Staatssekretär, Bonner Regierungssprecher
Aly, Ernst, Oberbannführer, KLV	Leonberger Bausparkasse
Bauer, Otto, K-Bannführer	Bundesbahndirektor
Bergemann, Walter, Hauptbannführer Rechtsamt der RJF	Notar in Frankfurt, Verfasser des Hessischen Pressegesetzes
Böhmer, Hedy, Gebietsmädelführerin, zuständig für BDM im Personalamt RJF	Inhaberin einer Anzeigenagentur
Bresgen, Cesar, Leiter der Jugendmusikschule in Salzburg	Prof. u. Direktor des Mozarteums, Komponist
Buhles, Heino, Bannführer/Gebietsführerschule in Wien	Personalchef i. Firma Felten & Guillaume, Köln
Bürkner, Trude, Reichsreferentin BDM	Betriebsfürsorgerin bei VW/Wolfsburg
Conrad, Paul, K-Gebietsführer in Niedersachsen, 1930 Bundesführer des Pfadfinderbundes "Westmark"	Vorsitzender des Wirtschaftspolitischen Clubs in Bonn, Generalkonsul von Tunesien
Deckarm, Hermann, Bannführer in Neunkirchen	Chef der Firma Fink, Herrenberg, Vorstandsmitglied im Diät-Verband
Döring, Wolfgang, Unterbannführer, Bann-Streifendienstführer Leipzig	FDP-Landesvorsitzender in Nordrhein-Westfalen, MdL

Dölger, Hans, Gefolgschaftsführer in Biblis, Reichssieger im Reichsberufswettkampf	Dipl.Ing. nach USA ausgewandert, dort "Ingenieur des Jahres" für Vorbereitung des Fluges zum Mond
Ebersbach, Georg, Gefolgschaftsführer, Redakteur "Das Junge Deutschland"	Geschäftsführer, Jugendsozialwerk, Vors. des Internationalen Bundes für Sozialarbeit
Fleissner, Herbert, Gefolgschaftsführer Motor-HJ, Eger	Verleger Ullstein/Langen-Müller
Fischer, Ernst, Oberbannführer, Leiter des Presseamtes der RJF	Journalist, tätig für "Spiegel"
Genscher, Hans Dietrich, HJ-Gefolgschaftsführer in Halle	Vizekanzler u. Bundesaußenminister
Hartmann, Heinrich, Oberbannführer im Kulturamt der RJF	Inhaber einer Werbeagentur, Vorsitzender des Jugendsozialwerkes
Huisgen, Horst, Gebietsführer der HJ in Schlesien	MdL, Landtag Niedersachsen
Kageneck, Graf August, HJ-Mitglied 1934-39	Redaktionsmitglied "Die Welt"
Karbach, Rolf, Gebietsführer Moselland	Inhaber einer Möbelfabrik
Kern, Otto, Hauptbannführer, Wirtschaftsamt der RJF, WE-Lager	Industrieller, Präsident des Zentralverbandes deutscher Handelsmakler
Kerutt, Horst, Oberbannführer in der RJF	Pressechef des Deutschen Roten Kreuzes
Klein, Hans, Jungvolkführer im Sudetenland	Vizepräsident des Deutschen Bundestages
Kluge, Hansjoachim, Oberbannführer Werkkunstschule Schandau	Oberstudiendirektor, Kunsterzieher
Knoop, Fritz, Gebietsführer Kurmark, stellv. Leiter Sozialamt RJF	Prokurist der Henkell-Werke, Dir. der Deiring-Werke, Düsseldorf
Köth, Erika, Sing- u. Spielschar Darmstadt	Kammersängerin

Kreutzmann, Heinz, Fähnleinführer, Träger des HJ-Ehrenzeichens	Parlamentarischer Staatssekretär 1979-1982 im Ministerum innerdeutsche Beziehungen
Kuhnt, Werner, Obergebietsführer Wartheland	MdL, Landtag Baden-Württemberg
Lange, Heinz, Gebietsführer Sudetenland	MdL, im Landtag NRW, Vorsitzender des Witikobundes
Lapper, Dr. Karl, Amtschef der RJF	Justitiar in Köln
Lauterbacher, Hartmann, Stabsführer der RJF, Gauleiter	Berater für Fragen der Jugenderzeihung des Sultans von Oman und des Staatschefs von Ghana
Lübbe, Gustav, Gefolgschaftsführer in Osnabrück	Verleger in Bergisch-Gladbach
Lohel, Willy, Jungvolkführer, ab 1938 Amt Führerausbildung der RJF	Leiter der Reformhaus-Schule
Maertens-Schoneweg, Käthe, Gebietsmädelführerin von Westfalen	Prokuristin in Maschinenbau-Unternehmen
Meyer, Ursel zu Gottesberge, Gebietsmädelführerin von Baden	Studiendirektorin
Medau, Hinrich, Bannführer, Leiter der Gymnastikschule der RJF	Inhaber der Gymnastikschule Medau in Coburg
Meiforth, Hubert, Gebietsführer Nordmark	bedeutender Kunstmaler in St. Peter-Ording
Memminger, Gustav, Hauptbannführer, Leiter des Presse- u. Propagandaamtes der RJF	Firmeninhaber, Patente im Bereich der Textilmaschinen, Firmen im Nahen Osten
Möller, Eberhard Wolfgang, Gebietsführer in der RJF, Inhaber des Nationalen Buchpreises	Dramatiker, Romanschriftsteller
Müller, Albert, Bannführer in der RJF, Chefredakteur "Das Junge Deutschland"	Ressortleiter Sozialpolitik in der Tageszeitung "Die Welt"
Mündel, Lieselotte, Gebietsmädelführerin von Berlin	Berufsschuldirektorin

Niefer, Werner, Adolf-Hitler-Schüler	Vorstandsvorsitzender der Daimler Benz AG
Overbeck, Ernst, K-Gebietsführer Bayr. Ostmark	Vertriebsleiter von Becks Bier
Penke, Ria, Gebietsmädelführerin Niedersachsen	Inhaberin eines Modesalons
Petter, Dr. Kurt, Inspekteur der Adolf-Hitler-Schulen	Kinderarzt in Hamburg
Randel, Dr. Edgar, Stammführer in Behördenabt. RJF	Ministerialrat im Bundesministerium für Wirtschaft
Reinecker, Herbert, Chefredakteur der Zeitschrift "Pimpf" in der RJF	Fernsehautor der Derrick-Serie, Krimi-Schriftsteller
Richter, Walter, Bannführer	Präsident des Landesverbandes Bayern im Bund der Vertriebenen
Rüdiger, Jutta, Reichsreferentin des BDM	Personalberaterin, Psychologin, Graphologin, Autorin
Sawallisch, Wolfgang, Mitglied der Münchner Rundfunkspielschar	Generalmusikdirektor der Münchner Bayrischen Staatsoper
Scheel, Walter, Jungstammführer	Bundespräsident, Außenminister
Schmidt, Heinz, Hauptbannführer, Leiter des Auslandsamtes RJF	Pressesprecher u. Vorstandsmitglied der Daimler Benz AG
Schmidt, Helmut, Marine-HJ-Gefolgschaftsführer	Bundeskanzler in Bonn
Stork, Else, Gebietsmädelführerin Saar/Pfalz	Unternehmerin
Stöckl, Tom, Gebietsführer Hochland	Oberstudiendirektor
Stumme, Wolfgang, Kulturamt der RJF, Leiter der Hauptabt. Musik	Dozent an der Folkwangschule Essen
Stünke, Heinrich, Oberbannführer, Lehrgangsleiter der Akademie für Jugendführung	Inhaber der Kunstgalerie "Der Spiegel" in Köln
Tangemann, Ruth, Amtsreferentin in der RJF Presseamt	Sprecherin der Arbeitsgemeinschaft der Verbraucher in Bonn

Tetzlaff, Walter, Hauptbannführer, Rechtsamt der RJF, HJ-Richter	Rechtsanwalt, Assistent im Bundestag, 1962-1974 im Bundesministerium für Verteidigung, absolvierte als erster Deutscher Industrial College of the Armed Forces der USA
Utermann, Wilhelm, Bannführer in der RJF, Redakteur "Wille und Macht"	Drehbuchautor, Filmproduktionsleiter, Schriftsteller
Vetter, Heinz Oskar, Jungstammführer	Vorsitzender des DGB
Weidenmann, Alfred, Hauptabt. Film RJF	Regisseur und Autor
Winter, Sim, Amtschef für Bauerntum der RJF	Handelsbeauftragter einer Stahlbaufirma
Zoglmann, Siegfried, Gebietsführer im Protektorat Böhmen u. Mähren	Verleger, Bundestagsabgeordneter, Vorstandsmitglied der Sudetendeutschen Landsmannschaft

Nach einem gelungenen Putsch am 20. Juli 1944

Was sollte dann aus der Jugendbewegung werden?

Generaloberst Beck und Oberbürgermeister Goerdeler verfaßten bereits Anfang 1941 eine Denkschrift, betitelt "Das Ziel", in der dargestellt wurde, was nach gelungenem Putsch mit der "Hitler-Jugend" geschehen sollte. - Hier das Kapitel 10 im Wortlaut:

10. Staatsjugend

Aus der *Hitlerjugend wird die Staatsjugend.* Die Spitzenorganisaton der HJ wird sofort aufgelöst, ihr Vermögen sichergestellt. An ihrer Stelle tritt ein in Erziehungsfragen bewährter General. Er erhält Weisungen und Vollmacht nach folgenden Richtlinien:

a) Es ist anzuerkennen, daß in der Großstadt eine Jugendorganisation nützlich und wertvoll ist, die sich über den Kreis der einzelnen Klassen und der einzelnen Schulen hinaus erstreckt. Auf dem Dorf und in der kleinen Stadt wachsen die Kinder der verschiedenen Schulen in so enger Gemeinschaft auf, daß sie sich im Spiel und Raufen immer wieder zusammenfinden. *In der Großstadt muß dies Zusammenfinden, organisiert werden.* Es ist notwendig, um auch schon im jugendlichen Menschen *das klassengelöste Gefühl der Volksgemeinschaft* stark werden zu lassen. Nichtsdestoweniger bleibt die natürliche Grundlage der Jugendorganisation die Klasse und die Schule. *In der Klasse ist der Turn- und Sportlehrer der gegebene Jugendführer.* Für die Schule ist ein dazu besonders geeigneter Lehrer, *der Soldat gewesen ist*, mit dieser Aufgabe zu betrauen. Die Gleichaltrigen sind auch bezirklich zusammenzufassen. Zur Führung sind Offiziere berufen, die besondere pädagogische Begabung haben und für diesen Zweck besonders geschult werden. Solchen Kräften liegen auch die Gauzuammenschlüsse und der Reichszusammenschluß ob. *Die Führung der Jugend erfolgt also nicht mehr durch die Jugend selbst.* Dieser Satz war auch nur ein Schlagwort, um die Jugend zu gewinnen und zu verblenden. In Wahrheit empfindet sie selbst, daß sie nur von älteren Menschen geführt werden kann. Natürlich sollen jugendliche Kräfte zu Hilfsführern, etwa mit den Funktionen von Stubenältesten, herangezogen werden.

b) Um die Idee der *Reichsgemeinschaft* in der jungen Seele zu pflegen, bleibt eine Reichsorganisation erhalten. Diese wird von einem General mit einem Beirat aus allen Berufen geleitet. Er wird in das Reichserziehungsministerium eingegliedert.

c) Bei den Aufgaben der Jugendorganisation ist voranzustellen, daß die *Autorität des Elternhauses und der Schule* überhaupt nicht mehr angetastet wird. Die Jugend ist zuerst und dauernd zum Gehorsam gegen die Eltern zu erziehen, ihren Schulpflichten nie zu entziehen und zur Wahrhaftigkeit, Kameradschaft und Tüchtigkeit anzuhalten. *Familie und Schule gehen der Jugendorganisation voran.* Im übrigen werden Meinungsverschiedenheiten durch Takt und Rücksicht ausgeglichen. Die Aufgabe der Jugendorganisation besteht nicht mehr in irgendeiner nationalpolitischen Erziehung, sondern nur noch im Turnen, Sport, Spiel und Handarbeiten, sonst nichts mehr. Die nationalpolitische Erziehung ist Aufgabe der Eltern, der Schule, der politischen Vereinigungen namentlich auf den Universitäten, und vor allem der Wehrmacht: hier durch besonders sorgfältig ausgebildete Offiziere und frei gewonnene Kräfte.

d) Die Beanspruchung der Jugend muß herabgesetzt werden. Dies gilt namentlich für die großstädtische Jugend. Infolgedessen wird zum Jugenddienst höchstens nur noch an *einem* Tage der Woche angetreten, vielleicht auch nur alle zwei Wochen. Die Hauptsache ist, daß die übernervöse Jugend wieder zur Ruhe kommt, nicht hin- und hergezerrt wird, *den Glauben an die Wahrhaftigkeit wiedergewinnt und nicht vorzeitig, namentlich militärisch, überbeansprucht wird. Um so mehr Energie und Begeisterungsfähigkeit spart sie sich für ihr späteres Leben und die Soldatenpflichten auf.*

Es gibt auch wahre Berichte über die Hitler-Jugend

In Wolfram Dufners Buch “Frühe Wegweisungen / Chronik einer alemannischen Jugend 1926 - 1950” (Verlag Süd-Kurier, Konstanz) schreibt der spätere deutsche Botschafter u.a. folgendes:

“In den Schulbänken saßen wir wenigen evangelischen Schüler von den katholischen durch einen Gang getrennt. Im Deutschen Jungvolk aber waren wir vereint. Keiner, von den Drittklässlern aufwärts, der nicht dabei sein wollte, wenn die Landsknechtstrommeln am Samstagnachmittag die Pimpfe zum Appell in den Schulhof riefen.” (S. 25)

“Rührig war vor allem die Jugend, wenn die Jungen wie die Soldaten durch das Städtchen marschierten, die Jungmädel in weißen Blusen und schwarzen Röcken hinterher. Das Leben verlief geruhsam, intimer als heute, und soziale Not schien nicht mehr vorhanden... Jetzt aber kamen Sang und Klang ins Tal, die Stinklangeweile hörte auf, wir bekamen, was Jugend will: Unterhaltung, Betriebsamkeit, Geländespiel und Lagerfeuer. Man dachte nicht an Sorgen über die berufliche Zukunft: für alles gab es den Staat, man mußte nur mitmachen. Und dieser Staat war mächtig, angesehen in der Welt, der Führer galt vielen als ein Geschenk des Himmels. Es gab kein Halbstarkenproblem, weder waren wir kritisch noch aufbegehrend... Das Alte und Überlieferte, das in unseren bescheidenen Häusern bewahrt wurde, wurde nicht angetastet, blieb weiterhin geistiger Besitz. Die Poesie unserer heimatlichen Dichtergrößen strahlte nach wie vor in die Winterstuben.” (S. 35)

“Kakaoklatsch der Evangelischen Jungschar im Pfarrhaus. Stolz zeigte ich das Foto herum, das mir Luis Trenker mit seiner Unterschrift schickte. Christliche Jugendgruppen gab es in allen badischen Ortspfarreien. Wenn uns ausgerechnet am Donnerstag, dem Jungscharabend ein Befehl nachmittags zum Jungvolk-Dienst rief, saßen wir auch in der Uniform um den großen viereckigen Tisch beim Vikar zusammen. Es konnte uns nur recht sein, wenn gleich an zwei Orten "etwas los" war. Das gab dann willkommene Entschuldigungsgründe für nichtgemachte Hausaufgaben. Wir sangen, beteten, sahen Lichtbilder einer Andenexpedition oder lasen Abenteuergeschichten vom Mumiendiebstahl in der Cheopspyramide. Aber schon ein Jahr darauf ist dieser milde Protestversuch der Landeskirche gegen das staatliche Jugendmonopol eingeschlafen." (S. 40).

"Ich war gerne einer von des Führers fünf Millionen Jungen." (S. 43)

"Deutschland, heiliges Wort,
du voll Unendlichkeit!
Über die Zeiten fort
sei'st du gebenedeit!
Heilig sind deine Seen,
heilig dein Wald
und der Kranz deiner stillen Höh'n
bis an das grüne Meer."

"Von allen Pflichtliedern war mir dieses das liebste. Es war kein Lied von Tod und Kampf. "Deutschland ", das hatte einen mystischen Wohlklang, für den unsere Herzen empfänglich waren." (S. 48)

"Es war wichtig, sich fein zu zeigen, denn ich begann, meine Gedanken auf eine Mitschülerin zu richten. Sie war groß und schlank und hatte zwei lange hellblonde Zöpfe, und überhaupt schien sie mir so schön wie die jungen Frauen, die damals in den Filmen auftraten. Meine Herzensregung war kein geringer Ansporn für den Erwerb einer Führerschnur im Jungvolk. Zuerst die rot-weiße des Jungenschaftsführers, dann die dicke Kordel des Jungzugführers für die Schar von 30 Buben." (S. 50)

"In der Prärie und im Felsengebirge, in Kurdistan und im alten Istanbul bin ich in späteren Jahren den Gestalten meiner Jugendträume wiederbegegnet. Ich bin sicher, es gibt heute noch Winnetou und Hobble Frank und den guten Hadschi Halef Omar. Wir Jungen damals im ersten Kriegsjahr wußten, der Führer hatte die Bände mit der grünen Einbanddecke auf seinem Nachttisch bei sich auf dem Berghof stehen. Auch das nahm uns für ihn ein.

So unsinnig es ist, Hitlers Untaten mit Richard Wagners Werk in Beziehung zu setzen, so töricht ist es auch, aus Karl Mays Heldenstückchenprosa den Hang des Oberbefehlshabers der Wehrmacht zum unberechenbaren militärischen Abenteuer abzuleiten. Hitler ist ein menschliches und historisches Phänomen, das sich bis heute nicht in eine endgültig erklärbare Kategorie einordnen läßt. Wir Jungen sahen in ihm das große nationale Vorbild, den Retter der Nation, den geschichtlichen Glücksfall." (S. 61)

"Ich hatte die weiß-rote Kordel am Braunhemd, war Jungenschaftsführer 407. Wir zogen in den Wald und sangen "Die blauen Dragoner sie reiten..." Auf Kinderkarte empfingen wir die doppelte Ration." (S. 64)

"Von der Führerschulung des HJ-Bannes 733 im Bahnhofshotel in Hausach schickten wir unserem verwundeten Obergebietsführer ein Telegramm ins Feldlazarett bei Smolensk: "85 Hitler-Jugendführer grüßen Dich von einer Arbeitstagung und wünschen Dir baldige Genesung." (S. 83)

"Das Geleitwort des Reichsjugendführers zu unserer Standardfibel "HJ im Dienst" lautete - und wir lernten es auswendig - "Der Führer verlangt von Dir, daß Du Deine körperlichen Anlagen und Fähigkeiten bis zur äußersten Möglichkeit entwickelst; denn er will eine Jugend, in der jeder einzelne die ihm von Gott gegebene Dreiheit: Körper, Geist und Seele harmonisch vereint. Nach solchem Willen ist der beste junge Deutsche nicht der Klügste oder der Kräftigste, wohl aber der, dessen Ausbildung ihn befähigt, in allen Lebenslagen der Gemeinschaft seines Volkes zu dienen. Erziehe Dich zur Selbstlosigkeit! Wer gelernt hat, zuletzt an sich selbst zu denken, ist der beste Bürger des neuen Reiches. Ob arm, ob reich, katholisch oder protestantisch, ihm sollen die Tore des Staates offenstehen." (S. 88)

"Zum Stolz der ganzen Schule überreichte mir der Gauamtsleiter Engel die Urkunde als "Gausieger im Hilf-Mit-Wettbewerb der deutschen Jugend." (S. 98)

"Wenn ich mich zurückerinnere: Ja, ich war patriotisch, so wie man in anderen Ländern sein Vaterland sieht, mit Stolz auf Nation und Geschichte. Wir jungen Parteigenossen-Anwärter erhoben Anspruch auf das Gute, Wahre, Gerechte, auf Ordnung und auf Frieden." (S. 99)

"Ich glaube, es bedarf der Erfahrung, die meine Generation in ihrer Jugend gehabt hat, um zu erkennen, daß es nicht genügt, in den Tag hineinzuleben, konsumfreudig zu sein und auf Staat und Ordnung zu pfeifen. Die heutige Jugend weiß den Wert des höchsten bürgerlichen Gutes FREIHEIT viel zu wenig zu schätzen." (S. 171)

HITLERJUGEND UND MILITARISMUS

Soldaten, nicht Militaristen

Auszug aus der Moosburger Denkschrift vom Mai 1946 - abgefaßt von ehem. HJ-Führern im Internierungslager unter Leitung Dr. von Vacano:

In der Hitlerjugend wurde stets zwischen Soldaten und Militaristen unterschieden. Jenes Soldatentum, das überall in der Welt, in den Gedenkstätten des Unbekannten Soldaten verehrt wird, wurde als vorbildlich empfunden, während jede Art von Militarismus als lächerlich und verächtlich galt.

In Heimen, Schulen und Akademien der Hitlerjugend waren Begriffe wie Zöglinge, Kadetten oder Junker undenkbar. Durch klare Befehle wurde grundsätzlich jede Art von militärischem Drill untersagt und das Einüben eines Paradeschrittes ebenso wie das Tragen von Kommißstiefeln als Sinnbild des Militarismus unterbunden.

Die Uniform der Hitlerjugend wurde als Ausdruck des Sozialismus empfunden, die Marschordnung als die feierliche Form der geordneten jungen Gemeinschaft, in der es keine Standesunterschiede und Bevorzugungen gab.

Auf der Akademie für Jugendführung hat Baldur von Schirach mehrfach zum Ausdruck gebracht, daß die Offizierkorps für das Führerkorps der Jugend kein Vorbild sein könne. Das Bestreben nach einer umfassenden Bildung der jungen Persönlichkeit setze ein Jugendführerkorps voraus, das auf geradezu entgegengesetzten geistigen Grundlagen ruhen müsse.

Die meisten aktiven Hitlerjugendführer waren bei Kriegsausbruch ungedient. Bis dahin war die Ableistung der militärischen Übungen vielfach mit der Begründung abgelehnt worden, daß "ein anständiger Mensch nicht erst beim Offizier angehe".

Aktive Offiziere wurden nicht als Jugendführer verwendet.

Trotz der Dauer des Krieges gab es nur wenige Hitlerjugendführer, die sich von der Wehrmacht aktivieren ließen, wenn sie auch im Verlauf ihres Fronteinsatzes oft höhere Ränge erreicht haben.

Es gab keine Militarisierung der Jugendbewegung und keine militärische Geheimausbildung von Einheiten oder Jugendführern vor und nach 1933, wie es z. B. nach dem Ersten Weltkrieg in der sog. "Schwarzen Reichswehr" erfolgt war.

Für die Art der Ausbildung und dem in ihr zum Ausdruck kommenden Geist war das rund 350 Seiten starke Buch "HJ im Dienst" charakteristisch. Es war durch Baldur von Schirach selbst eingeleitet und von der Reichsjugendführung herausgegeben.

Von diesem Dienstbuch der Hitlerjugend heißt es in dem 1938 vom britischen Board of Education herausgegebenen "Educational Pamphlet Nr. 109" über "Physical Education Germany".

"...Cannot fairly be said to be in essence a more militaristic work than any thoroughgoing, exhaustive and comprehensive manual of Boy-Scout training would be. Some 40 pages are, to be sure, devoted to the theory and practice of shooting (smallbors rifle and air-gun) but there ist nothing in them to which exception can reasonably be taken, and the worst that one can say of them is that they may be confidently recommended to the notice of any Boy-Scout wishing to qualify for the markmanship badge."

Hitlerjugend und Wehrmacht

Vor dem Kriege bestand die einzige offizielle Verbindung zwischen Hitlerjugend und Wehrmacht in der Kommandierung eines Verbindungsoffiziers des OKW zur Reichsjugendführung. Gelegentliche Aussprachen mit diesen Offizieren in der Reichsjugendführung oder in der Akademie für Jugendführung über die Erziehungsprinzipien der beiden Partner führten nicht zu einer Vereinigung der Standpunkte.

Ein Verhältnis, wie es in England zwischen den Boy-Scouts und der Armee besteht, gab es zwischen Hitlerjugend und Wehrmacht nicht. Die deutsche Jugend übte nicht mit Dienstgewehren, trug keine militärischen Uniformen und nahm auch nicht wie Teile der britischen Jugend an militärischen Übungen teil.

Noch weniger vergleichbar war das Verhältnis, das die russische Jugend zur Roten Armee hat. Angehörige und Führer der Hitlerjugend, die zum Wehrdienst eingezogen waren, unterstanden damit wie jeder andere Soldat auch disziplinär ausschließlich der Wehrmacht.

Sonderheiten wie Reiter-, Marine-, Motor oder Flieger-Hitlerjugend unterstanden ebenfalls nicht der Wehrmacht. Sie boten den Jungen die Gelegenheit, sich neben dem allgemeinen Dienst der Hitlerjugend persönlichen Liebhabereien zu widmen und dienten teilweise auch der Berufsausbildung.

Die Wehrertüchtigung

Der Kriegsbeginn im Jahre 1939 schuf auch für die Jugend eine neue Lage. Sie glaubte, daß dieser Krieg dem deutschen Volk aufgezwungen sei, und stellte sich ihm darum bedingungslos zur Verfügung. Man wird kaum Angehörige des Führerkorps der Hitlerjugend finden, die nicht im Fronteinsatz gestanden haben. Nur wenige waren uk gestellt und auch diese wurden nach einem festen Plan gegen verwundete oder zumindest im Fronteinsatz gewesene Jugendführer ausgetauscht. Wie wenig sich die Hitlerjugendführer selbst geschont haben, lehrt ein Blick auf die Gefallenen- und Verwundetenlisten.

Der Kriegsausbruch traf die Hitlerjugend nicht vorbereitet. Aus dieser Situation ergab sich, daß sie infolge der überraschenden Mobilisierung so gut wie alle aktiven Führer an die Wehrmacht verlor. Irgendein UK-Stellungsplan bestand damals nicht.

Auch während des Krieges hat die Hitlerjugend ihre grundsätzliche Abneigung gegen militärische Ideologien bewahrt.

Der Verlauf des Krieges rückte die Frage einer vormilitärischen Ausbildung der Jugend notwendig in den Mittelpunkt der Arbeit. Zu deutlich zeigte es sich, wie wichtig für die Erhaltung des Lebens im Felde ein entsprechendes Training im Gelände und allgemeine Körperbeherrschung waren.

Grundsätzlich bezog aber auch jetzt die Hitlerjugend die Waffenausbildung und die spezielle militärische Ausbildung nicht in ihre Arbeit ein.

Um auch durch Worte keine Verwechslung aufkommen zu lassen, wurde für die Hitlerjugend der Gebrauch des Wortes "vormilitärische Ausbildung" generell verboten und durch den Begriff "Wehrertüchtigung" ersetzt. Die Wehrertüchtigung der Hitlerjugend galt in erster Linie der Heranziehung gewandter, wetterharter Körper. Militärische oder taktische Begriffe waren streng verboten.

Die Wehrertüchtigungslager

In den ersten Kriegsmonaten versuchte die Hitlerjugend die Wehrausbildung im normalen Einheitendienst durchzuführen. Später, als durch die Einberufung ein immer stärkerer Mangel an Hitlerjugendführern einsetzte und dazu noch Ernährungsschwierigkeiten kamen, ging man zu lagermäßiger Unterbringung über. Die sogenannten Wehrertüchtigungslager ("WE-Lager") entstanden.

Das Angebot der Wehrmacht, die Lager in Kasernen und auf Truppenübungsplätzen unterzubringen, wurde abgelehnt, um die unmittelbare Beeinflussung der Jugend durch die Wehrmacht auszuschalten.

Die Ausbilder, die bei der Wehrmacht angefordert wurden, sollten nach Möglichkeit frühere Mitglieder der Hitlerjugend sein und mußten sich in jedem Fall einer Überprüfung durch Angehörige der Reichsjugendführung unterziehen. Der Lagerführer selbst gehörte dem Führerkorps der Hitlerjugend an und unterstand auf die Dauer seiner Beauftragung nur der Jugendführung.

Mit Rücksicht auf das disziplinäre Verhältnis zu den Wehrmachtausbildern nahm man für diese Aufgabe nur Hitlerjugendführer, die bereits Frontoffiziere waren.

Ziel der Lager war, neben der Ablegung der sportlichen Leistungsabzeichen die Erfüllung der vorgeschriebenen Bedingungen zum sogenannten K-Schein. Es handelte sich dabei um Übungen, die ein selbständiges Bewegen und Zurechtfinden im Gelände ermöglichen, wie z.B. das Gebrauchen eines Kompasses, das Tarnen, Entfernungschätzen, Kriechen, Zielerkennen und -Ansprechen. Dies alles waren Dinge, die auch im Frieden Gegenstand der Ausbildung der Pfadfinderbünde aller Völker gewesen sind. Dazu kam die Verstärkung der Schießausbildung mit dem Kleinkalibergewehr. Bezeichnend war, daß die Verwendung von Menschenscheiben untersagt war und sich in den Lagern keine Infanteriegewehre befanden.

Mit dem Vorrücken feindlichen Heeres auf deutschem Boden wurde das Verlangen der deutschen Wehrmacht auf Waffenausbildung immer stärker. Trotzdem gelang es der Jugendführung immer wieder, ihre Auffassung durchzusetzen, daß es nicht Aufgabe der Jugend sei, selbst militärische Kampfhandlungen durchzuführen oder unmittelbar vorzubereiten. Erst der Aufruf zum Volkssturm schuf hier andere Voraussetzungen.

Die Jugend im Volkssturm

Der Aufruf der deutschen Reichsregierung zum deutschen Volkssturm vom 18.10.44 bedeutete die gesetzliche Unterstellung der Hitlerjugend unter die Verfügungsgewalt der Parteikanzlei, bzw. der hohen militärischen Befehlsstellen.

Nach schwierigen Verhandlungen gelang es aber, die der Hitlerjugend zugehörigen Jahrgänge im Rahmen des "3. Aufgebots" des deutschen Volkssturms zusammenzuhalten und auch die Zuständigkeit für die Art des Einsatzes zurückzugewinnen.

Dieser Einsatz sollte unter keinen Umständen infanteristischer Natur sein und auch nicht im Rahmen der Verteidigung wichtiger Punkte, Orte und Anlagen stattfinden, sondern lediglich im Rahmen der sogenannten Panzerjagdbrigaden in kleinen Gruppen und unter guter Führung.

SS-Panzerdivision "Hitlerjugend"!

Die deutsche Jugend hat sich mit ihrer ganzen Kraft in diesem Krieg eingesetzt, der ihr als Schicksalskampf des deutschen Volkes erschien. Auch hier versuchten die Jugendführer, ihre Vorstellung vom Soldatentum gegenüber dem Militarismus durchzusetzen. Besonderer Ausdruck dieses Wunsches wurde die SS-Panzerdivision "Hitlerjugend", die durch ihren Einsatz die Anerkennung des Feindes gefunden hat.

Alle Angehörigen dieser Division waren absolute Freiwillige.

Luftwaffenhelfer

Der Erlaß des OKL und des OKW über die Heranziehung von Schülern als Luftwaffenhelfer und Marinehelfer wurde ohne vorherige Fühlungnahme mit der Reichsjugendführung veröffentlicht.

Die Jugendführung versuchte nachträglich, diesen Einsatz möglichst in jugendmäßigen Grenzen zu halten und einer Militarisierung der eingezogenen Jugend entgegenzuwirken.

Sie setzte durch, daß die Jugendlichen im Dienst, Unterkunft und Freizeit von den Erwachsenen getrennt blieben, daß der Schulunterricht in den Stellungen fortgeführt und der zeitliche und örtliche Einsatz begrenzt wurde. Daneben sollte die ärztliche Betreuung, die Durchführung des Hitlerjugenddienstes, der Sport- und Freizeitgestaltung und die Anwendung der Polizeiverordnung zum Schutze der Jugend in jeder Hinsicht garantiert sein.

1944 wurden auf Einspruch der Hitlerjugend schließlich die

Luftwaffenhelfer abgebaut und durch Dienstpflichtige, aber nicht Frontdiensttaugliche ersetzt.

Der Streifendienst

Der Streifendienst (SRDC) wurde als Überwachungsorganisation für das öffentliche Auftreten der Einheiten der Hitlerjugend und der einzelnen Jungen und Mädel, soweit sie Uniform trugen, aufgestellt.

Daraus wurde später eine Nachwuchsorganisation der SS, in der diejenigen Jungen zusammengefaßt wurden, die freiwillig und nach Erreichung der notwendigen Altersgrenze zur SS wollten.

Jeglicher "Überwachungscharakter" des Streifendienstes entfiel von jetzt ab. Was an Überwachung in der Hitlerjugend noch notwendig war, wurde jetzt, soweit es die Kriegsverhältnisse zuließen, durch die Führerschaft eines Standortes oder das Vertrauen der Jugend genießende Lehrer, Jugendrichter oder Fürsorgebeamte ausgeführt.

Wichtige weiterführende Literatur:

Günter Ochs	"Meine gestohlene Zeit 1945-1947" Eigenverlag, Darmstadt 1996, Postf. 111 506
Günter Ochs	"Ungewollt nach Kasachstan" Eigenverlag, Darmstadt
Benno Pries	"Unschuldig in den Todeslagern des NKWD 1946-1954" Eigenverlag Calw, Brixenerweg 6
Benno Pries	"Erschossen im Morgengrauen" Eigenverlag Calw, Brixenerweg 6
Dr. Jutta Rüdiger	"Die Hitler-Jugend und ihr Selbstverständnis"
Griesmayr/ Würschinger	"Die Idee u. Gestalt der Hitler-Jugend"
Jürgen Schultz	"Die Akademie für Jugendführung"
Herbert Taege	"Über die Zeiten fort"
Max Klüver	"Vom Klassenkampf zur Volksgemeinschaft"
Max Klüver	"Die Adolf-Hitler-Schulen"
Günter Kaufmann	"Jugendbewegung im 20. Jahrhundert / Die Hitler-Jugend"
Günter Kaufmann	"Botschaft der Gefallenen"
Herbert Reinecker	"Ein Zeitbericht"
Werner Bräuninger	"Wille und Vision"
Günter Schorn	"Uns geht die Sonne nicht unter"
Hertha Linde	"So waren wir / Bildband zur Geschichte des BDM"
Werner Kuhnt	" In Pflicht und Freude" (Neuauflage in Vorbereitung)
Gerhard Dabel	"Die erweiterte Kinderlandverschickung"
Martha Schlegel	"Kinderlandverschickung 1940-1945"
Hubert Meyer	"Kriegsgeschichte der 12. SS. Panzerdivision Hitler-Jugend" (2 Bd.)

PERSONENVERZEICHNIS